JN180687

シネマが呼んでいる３

荒野の決闘

My Darling Clementine

郷愁の諸相

青木 利元

東京図書出版

写真協力
公益財団法人川喜多記念映画文化財団

はじめに

『荒野の決闘』は１９４７年の公開だ。私がまだ6歳くらいの、物心がつくかどうかの頃のことである。

かすかな記憶をたどれば、往時まだ映画の入場料が45円程度であったと記憶しているが、花屋敷という映画館の前で『荒野の決闘』のポスターを見たように思う。

次に思い出すのは、中学3年の時である。翌年大学を受験する兄が、予備校で模擬試験を受けるために上京した折に私も兄についていった。その予備校は高田馬場あたりにあった。試験会場を見に行ったついでに兄が入った映画館で『荒野の決闘』を上映していた。私も兄に従った。映画の途中から見たので、話の辻褄が合わなかったが、私の脳裏に残っているのは、最後にアープ兄弟とクラントン一家がＯＫ牧場で銃撃戦を交える中で、ヴィクター・マチュア扮する手負いのドク・ホリデイが、それでも敵を倒して息絶えるという場面である。激しい咳の発作を抑えるために白いハンカチで口を覆うドクは、そのすきを突かれて銃弾を受ける。その敵を討ち果たしてドクは崩れ落ち、白いハンカチだけがＯＫ牧場の柵の横木にからまったまま風にたなびくのだ。ドクの悲劇的運命が抒情味あふれて描かれており、未熟な私の心にも響くものがあった。兄に感想を聞かれて、私はドクの死の場面を挙げたが、兄が感動したのはラスト・シーンであったように覚えている。

そのあと『荒野の決闘』が記憶に現れるのは、大学2年か3年の時だ。心身症と極度の鬱状態で、正常な感受性と理性のバランスを失い、それこそ人生に対する夢や希望もなくみじめな自分に心底絶望していた時だ。そんな時に『荒野の決闘』を見たのである。

『荒野の決闘』は、冒頭から私の心に染み入るように入り込んできた。

底流にあるもの――旅に疲れた男たちの求める安らぎへの郷愁

映画には、旅に疲れた男たちの安らぎを求める思いのようなものが底流に流れていて、それが私の干からびた心を潤おしてくれたからだった、と思う。

『荒野の決闘』は、モニュメント・ヴァレーの大地や岩山を背景にした、カウボーイ姿のアープ兄弟の牛追いから始まる。

彼らは牛を追ってカリフォルニアにある父の牧場に帰るつもりだ。あとひと踏ん張りで目的地に着ける、そうしたら懐かしの我が家に帰れる。そういう郷愁のようなものが劈頭から滲んでくるような感じの映画であった。

その郷愁は、最後まで通奏低音のように映画の中を流れ続けている。

そして、流れの変化の中で、その郷愁は、水面に顔を出してはニュアンスの微妙に異なる表情を見せてくれる。

それは、町という「文明」に対する憧れであったり、またそれとは正反対の、草原という「大自然」への郷愁であったりする。

加えて、もう一つ別の郷愁の味わいもある。故郷を捨てた男の絶望的な望郷の念である。

さらに、この映画では、ワイアット・アープがクレメンタイン・カーターに対して抱く憧れも主要なテーマになっている。

ワイアットは、映画の中で騎士道的な敬愛をクレメンタインに捧げる。東部から来た健気でピューリタンの、可憐な淑女の彼女に。

曲折があって、結局、二人は結ばれない。

最後、遠ざかるワイアット、それを見送るクレメンタイン。

たゆたう二人の思いと私たち観客のそれぞれの思いがゆらゆらと揺れる余韻を残して映画は終わるのだ。ワイアットの憧れは甘く切なくそして美しい郷愁となって私たちの想像力を掻き立てる。

郷愁はまた、建設途中の教会に集う人々への共感の中にも窺える。彼らは「マニフェスト・デスティニー」(米国は北米大陸において民主的諸制度を拡張するように運命付けられているという認識)を、身を以て成し遂げた開拓者たちであった。映画には、19世紀後期に推し進められた「西部の文明化」への深い懐旧の念が滲んでいる。

永遠の抒情

あれから幾度となく『荒野の決闘』を見てきた。そのたびに新しい発見と故郷に舞い戻るような懐かしい思いを繰り返し味わってきた。音楽でいえば、モーツアルトの曲を聴くたびに味わうあの感動のようなものである。それは「永遠の抒情」とでもいうべきものかもしれない。

モーツアルトの音楽に対して、次のように言う評論家もいる。

彼の音楽にはベートーベンの持つ革新性、思想がない。彼は旧時代の古めかしい音楽家である、と。それはモーツアルトの音楽の持つ本質を理解していない評言ではなかろうか。モーツアルトの音楽は、生み出された時からすでに「永遠性」を持っていたのだ。古いも新しいもない。万華鏡のようなその精妙な音楽を聴くとき、私たちは魂を慰撫され、その美しさの中に永遠を感じることが出来る。もちろん彼の音楽には、時代的な制約や愛好家やパトロンへの阿りはあるのだろうが、私たちの中に呼び起こされる心象はそれらをはるかに超えて至高の何かを感じさせてくれるのだ。

ジョン・フォードの映画も同じようなものである。『荒野の決闘』に限らず、彼の作品の中で優れたものは、時代の制約を持ちながら永遠の抒情性を獲得している。何度見てもそこには心の琴線を震わせる変わらぬ詩情、詩魂が宿っているのである。

私がこの本の中で、青春への愛惜の思いも込めて描きたかったのは、様々な色合いを持つ『荒野の決闘』のポエティックな「郷愁の諸相」である。

「白黒《しろくろ》」と「白青《しろあお》」

そんな『荒野の決闘』であるが、なぜか私の脳裏には見事なシネマトグラフィックのお手本のような「白黒《しろくろ》」のこの映画が、「白青《しろあお》」の映画として焼き付いているのである。大学生の時に見た『荒野の決闘』は、草原の砂地も青、町のかなた、地平線の上に広がる空も雲もブルーであった。この体験は私だけのものでないことが最近分かった。私と同年配の名古屋の佐々良次さんも『荒野の決闘』は白黒《しろくろ》というよりはむしろ白青《しろあお》で見た、と言っておられる。この「白《しろ》青《あお》」について石井信之さんから「なるほど」という解説をしてもらった。

小生が劇場で初めて見たのは都立九段高校三年の時だったと思います。1943（昭和18）年生まれですのでおそらく1961（昭和36）年だったのではないでしょうか。いまはもうなくなっている不忍池のそばの上野東急で受験勉強を中断して見に行きました。おそらくプリントの傷みを隠すための処置として画面全体を淡いブルーにしたのではないかと思われます。スタンダード・サイズの上と下を削除した画面となったのは劇場のスクリーン・サイズの関係かもしれません。いずれにせよ現在のデジタル修復可能の時代からみると考えられないことですね。

いやはや。プリントの傷みを隠すために画面を淡いブルーにしていたとは。しかもそのブルーに私はこよなく郷愁の念を掻き立てられていたのであった。

米国ではどうか。

『荒野の決闘』は、日本の西部劇愛好家の間ではベストワンの呼び声の高い名作である。米国映画協会（ＡＦＩ）の「アメリカ映画ベスト１００」の中には選ばれてはいないが、１９８９年から開始された、アメリカ議会図書館によるアメリカ国立フィルム登録制度においては、早くから『荒野の決闘』はその価値が認められていたことが分かる。この制度は、毎年、名作25本を選定して「登録簿」に登録するというもので、『荒野の決闘』は早くも3年目の１９９１年に選ばれている。１９９２年までの4年間で１００本の映画が登録されており、この１００本は、いわば米国映画の歴史上の名作とみなされたものと考えていいだろう。

この「ベスト100」に認定された西部劇は、『荒野の決闘』のほかには、『真昼の決闘』『捜索者』『赤い河』『昼下がりの決闘』がある（ちなみに『シェーン』は、翌1993年に選出されている）。

米国においても、やはり名作なのである。

フォードの生み出した幻想の世界と史実

ワイアット・アープのトゥームストーンでの短い日々とOK牧場の決闘を描いたこの映画は今日、ジョン・フォードの創造した「ファンタジーに満ちた物語」であると認識されている。

史実とは相当な開きがある。

本文で詳しく述べるが、この映画は、辺境の地、西部が文明化される様を、調和的なトーンで描いた希有な映画の詩《うた》であり、その美しく、破綻のない典型を提示したものである。

しかし、50年代までは米国民の理想の正義の執行官であると見なされていたワイアット・アープは、60年代に入り、「こき下ろし」のやり玉にあげられて、「落ちた偶像」となっていく。

米国社会のものの見方は、時代の変化に伴って振り子の揺れのように大きな振幅を見せるのである。

現在、ワイアット・アープは、スーパー・ヒーローと評価される一方でブギーマン（妖怪）として鬼のように嫌われてもいる。「親アープ」と「反アープ」の論争は絶えることがない。そういう中で、歴史の歩みに伴って、ワイアット・アープの史実、真実が次第に明らかになってきている。

私は、この本の中で『荒野の決闘』の詩的な雰囲気を出来るだけ言語という表現手段を用いて美的に表現するように努めた。そして各章の終わりで、史実とされている真実を書き込んだ。史実を知っておくことは、話のバックグラウンドを考えたりする一助になるであろうし、その作品を楽しむための視野と思考に広がりと奥行きを提供できることにもなる、と思ったからである。

その試みが奏功したかどうかは分からない。読者諸氏のご判断を仰ぎたいと思う。

『荒野の決闘』をテーマに選ぶことは、巨人ジョン・フォードと対峙することでもあった。この本の中で私は、第二次大戦が終結し、最も充実した時は過去のものとなり果てた、との思いに捉われたフォードが、どのようにして戦後の映画作家として再スタートを切ったのか、を跡付けてみた。

偉大さと意地の悪さの両極端を持つフォードは、天才の持つ複雑な二面性を垣間見せてくれているようで興味が尽きない。もっとも、友としては御免こうむりたい存在だが。

最終章「補足メモ」は、ワイアット・アープ像の社会的変遷と、彼をテーマにした多くの映画の中で描かれたワイアットの変容の歴史を扱っている。
ご興味のある方に読んでいただけるなら誠にありがたい。

荒野の決闘　My Darling Clementine　郷愁の諸相◆目次

第3章 ドク・ホリデイと二人の女　郷愁の第四主題——東部への望郷の思い

第4章

OK牧場の決闘……114

補足メモ

第1章　郷愁の諸相

❖詩が描くもの——カール・ブッセと室生犀星

『荒野の決闘』の主要なモチーフは「郷愁」である。

「郷愁」とは何か?

それは満たされない憧れである。

しかし、満たされない憧れにも、いずれ満たされるであろう憧れと永遠に満たされない憧れの二つがある。

ロマンティックにそして感傷的に詩的に表現すれば、カール・ブッセのあの詩の如くだ。この詩は、満たされるであろうと思われた憧れが、やがて永遠に満たされぬ憧れに変わり果てていく人生の移ろいを簡潔に象徴的に描いている。

山のあなたの空遠く

「幸《さいわい》」住むと人のいふ。
噫《ああ》、われひとと尋《と》めゆきて、
涙さしぐみ、かへりきぬ。
山のあなたになほ遠く
「幸《さいわい》」住むと人のいふ。

（上田敏訳『海潮音』より）

忘れがたい『荒野の決闘』のラスト・シーンで、ワイアット・アープは想いを寄せているクレメンタイン・カーターの頬にキスをして彼女に別れを告げ、一本の細い道を、馬を走らせて去っていく。その細い道はなだらかにいったん下るとその先は上り道になって台地（メサ）の彼方に消えていく。光あふれる美しい風景だ。その道の先には、アープ兄弟が目指す故郷があるのだろう。やがて彼らは故郷に帰り、家族の緊密で温かな世界に浸ることが出来るに違いない。主題歌の *My Darling Clementine* のゆっくりとした旋律が画面にそこはかとない情感を醸し出す。その情感の中で私たちは、これからのワイアットの親との再会、そして恐らくは彼のもう一度の牛追いの旅とクレメンタイン・カーターとの胸躍る再会を思い描くことが出来る。

このラスト・シーンが意味するのは、「いずれ満たされるであろう憧れ」である。とりわけワイアット・アープの立場に立つなら、そうなる。この「いずれ満たされるであろう憧れ」はブッセの詩の前半の部分に当てはまる。しかし、そこまでだ。『荒野の決闘』は詩の後半の部分には立ち入っていない。詩の後半は夢や期待が裏切られ、その幻想だけが虚しく残る、というものである。それは永遠に満たされない私たちの願望なのだ、と詠嘆されている。『荒野の決闘』はその残酷な現実の結果までは描いていない。甘美な憧れを喚起するところで終わっている。

ここで、もう一つ、室生犀星の詩を取り上げてみよう。これは、『抒情小曲集』の中にあるものだ。

ふるさとは遠きにありて思ふもの
そして悲しくうたふもの
よしや　うらぶれて異土の乞食になるとても
帰るところにあるまじや
ひとり都のゆふぐれにふるさと思い涙ぐむ
その心もて
遠き都にかえらばや
遠き都にかえらばや

この「ふるさとは遠きにありて」に漂う心情は「永遠に満たされない憧れ」そのものである。これは映画のラストのワイアット・アープの心のありようと比べると、悲嘆に満ちていて絶望と諦めの味がする。疼くような望郷の念だ。カール・ブッセの詩でいえば、その後半の部分に一致する。

『荒野の決闘』の登場人物を例に引けば、映画のもう一人の主人公ドク・ホリデイの心境に最もよくあてはまるかもしれない。彼は自分自身に絶望し、東部のエリートの世界から逃げ出して西部を渡り歩いている拗ね者、ギャンブラーそして殺し屋であり、曲折した心情の持ち主だ。なぜ絶望したのかの明快な説明はないが、彼は労咳を患っている。愛するクレメンタインを幸せに出来ないと思い詰めたのかもしれない。あるいは、もともとデカダン（退廃的な人間）で破滅主義的な性癖を持っていたのだろうか。

ドク・ホリデイの身に即するなら、「郷愁」とは二度と戻ることの出来ない故郷、永遠の彼方に去って行った輝かしい青春時代、捨てざるを得なかった恋——すべてがあまりに幸せで美しくまばゆいものであったがゆえに惨めな自分としては逃げ出さざるを得なかった「断絶された楽園」なのだ。楽園だから憧れはある、だけど戻れないというアンビバレントな、引き裂かれた思い。いささかセンチメンタルだが、ドク・ホリデイの心象風景はそのようなものだろう。

詩を引き合いに『荒野の決闘』の郷愁について語るのはこれくらいにして、『荒野の決闘』

を郷愁以上のもの、つまり「それは命そのものだった」との痛切な思いを抱く映画評論家田中英一の述懐に耳を傾けてみよう。少し長くなるが『追憶の「荒野の決闘」』（１９７６年）から引用する（田中英一は、西部劇愛好者のためのミニコミ誌『西部劇通信』の発行人としても知られる。１９８１年、50歳で逝去。なお、このエッセイは『素晴らしき哉！　西部劇』〈発行代表・廣田敏郎、２００３年〉に再録されたもの）。

「荒野の決闘」は我が国ではアメリカに遅れる半年後の昭和22年8月、東京はじめ全国の主要都市で封切られた。当時はまだジョン・フォードも、ワイアット・アープも、フロンティア・スピリッツも、西部劇という言葉すら知らない人が多かった。まして海の彼方のＯＫコラルの決闘の史実など知る由もなかった。

「大平原」や「スポイラーズ」のクライマックスで拍手やかけ声を送った観客は、ここでは静かに暗い画面を凝視した。クレメンタインと別れてメサの彼方へ駒を進めるワイアット・アープが点となりエンドマークが浮かび上がった時、観客からいっせいにため息が漏れ、声にならない声が劇場にどよめいた。

観客たちは、故郷の父に報告を済ませてまたクレメンタインの許に戻ってくるであろうワイアットに、白いハンケチを血で染めて散ったドク・ホリデイに、戻ってくる人を待つクレメンタインに、自分自身を投影していたのだと思う。

あれから三十年、ボクらの世代はひたむきに生きることに、ひたむきに働くことに営々と努力してきた。元はといえば、腹いっぱい白いご飯が食べたい、あるいは毎日牛乳一本とリンゴ一個が食べたい……あの「モダン・タイムス」でチャップリンが夢想した文化的生活にも似て、ボクらの夢はささやかなものだった。

それからまた二十年、全てが豊かになったものの心は貧しくなり、何一つ動かすことのできない腐った平和の中で繁栄している。そしてボクたちの青春は遠くなり、人々は生きる意義を失いかけている。

「荒野の決闘」を見終わったときにボクが空の果てに見た、理想の未来社会はこんなものだったろうか。

映画を見たときに味わった溢れんばかりの感動と、それから40年近く経った後の日本社会の現実に対する深い疑問と失望感のギャップについての筆者の率直で一途な表白は、まるで鋭利な刃物の切っ先のように、豊かな社会の中で贅肉のついた私の心をチクリと刺す。同時に彼の思いのたけには、駆り立てられているような切迫感と焦燥が感じられる。まるで彼は時代と切り結んでいるようだ。己に対する、そして時代に、社会に対する侮蔑と絶望。

彼にあっては、『荒野の決闘』の喚起した胸弾む郷愁と憧れは、時を経て苦い悔恨に変質してしまっていた。それは、永遠に満たされることのない願望、「山のあなたになお遠い幸」としてしか存在しないものになったということであろう。

そうであるからこそ、田中にとって、逆説的に『荒野の決闘』は見果てぬ夢を与えてくれた特別の映画となったのだ。

「荒野の決闘」はボクにとって、ベストワンの西部劇とか、心に残る西部劇とか、そういうなまやさしいものではなく、あれはボクの〝いのち〟そのものじゃなかったか、という気さえする。

❖心の淀みに吹いた一陣の風

私の『荒野の決闘』との出会いは、田中のような感動——つまり空の果てに希望や理想の未来の社会を見るものではなかった。私は当時惨めでいじましい自分に絶望していた。私は今でも自分の仕事におけるありようや社会とのかかわりにおける無様さ、不完全さや対応のまずさをふと思い出しては慚愧の念に襲われることがある。また反省しても治らない己の心のいびつさに諦めの念を抱いているが、大学生の頃は、そういう自己嫌悪に、政治や社会に関する思想上の懊悩や葛藤が絡まりあって、ほとんど正常な常識人のセンスを失っていた。

そんな私が映画館の暗闇の中で見た「白黒《しろくろ》」ならぬ「白青《しろあお》」の『荒野の決闘』は本当に久しぶりに人間的感情をよみがえらせてくれるような温かみと懐かしさに満ちていた。この情感は、干からびてささくれだっていた私の心を湿らせ潤いを与えてくれる泉水のようなものだった。今日の言葉で言うなら、私は「癒やされた」のだった。

ワイアット・アープを演じるヘンリー・フォンダにはまったりとした味があって、悠揚迫らざる男らしさ、強面ぶりの一方で恋する男の可愛げがあった。未完成の教会に集う会衆を前に謹厳な顔の助祭は自らバイオリンを弾いて「聖書ではダンスを禁じてはいない」と人々をダンスに誘うほどの物わかりの良さと人間味を備えていた。そして、あのいかついドク・ホリデイ役のヴィクター・マチュアは『ハムレット』の有名な独白の一節「生か死か」を諳んじているほどの教養人だった。こういう信じられないような挿話がこの西部劇の中には見事にちりばめられていたのである。それらはどことなくユーモラスでそして古典的というか懐旧的なのだ。

ワイアット・アープは戦うことに倦んでいる。彼が望んでいるのは、もちろん罪を犯した者は罰せられなければならないのは当然として、いがみ合うことよりも平和・安寧であり、郷里の親に対する情愛であり、そして美しい女性に対する騎士的な振る舞い、なのである。少し猥雑だが人々は熱い信仰心をもってこれから町を建設しようとする意気に燃えている。トゥームストーンの町とその上に広がる白雲は、白日の夢のように美しく愛おしい。

私は『シェーン』に初恋のような憧れを抱き、その感情は今もなお変わることはないのだが、私が『荒野の決闘』に惹かれかつ愛する感情はそれとはずいぶん異なる。『荒野の決闘』は私の青春のどん底の精神状態の淀みに吹いた一陣の風のようなものではなかったか。あれは、たとえどれほど病み疲れていても人間の心が永遠に求め続ける郷愁を呼び覚ましてくれる映画であった、と思うのである。

❖ジョン・フォードがモニュメント・ヴァレーに懸けた思い

『荒野の決闘』はこんな場面から話が始まる。

モニュメント・ヴァレーのビュート（切り立った丘）やメサ（台地）を背景に、牛の群れが登場し、画面を横切っていく。牛を追う4人の男たちのそれぞれのフルショットと彼らの大きな掛け声。ヘンリー・フォンダ演じるワイアット・アープが今まさに兄弟と一緒に牛をカリフォルニアに運ぶ牛追いとして登場する。

ここは、史実に登場する実在のトゥームストーンのあったあたりの場所ではなく、監督のジョン・フォードが7年前に作ったあの名作『駅馬車』で用いて一躍西部を象徴する風景となったコロラド高原の、奇観を呈する山間台地のあたりだ。モニュメント・ヴァレーは、いわばフォードの生み出した「ワンダーランド（おとぎの国）」である。

モーリン・オハラの弟のチャールズ・フィッツシモンは次のように語っていたという（ロナルド・L・デーヴィス著 *John Ford: Hollywood's Old Master*「ジョン・フォード　ハリウッドの巨匠」University of Oklahoma Press,1995）。

ジャック（フォードのこと）はユートピア（モニュメント・ヴァレーのこと）の中で生きていたんだ。言葉を代えれば、彼はフォードランド（Fordland：フォードの夢の国）の中で生きていたわけさ。〈筆者訳、（　）内も筆者注〉

その地に再びフォードが7年ぶりに戻ってきて映画を作るというのだから、フォード自身の中にも、そして作られる映画の中にも、思い出の地への帰還という懐かしさが滲み出るのは無理もない。カテドラル（大寺院）のようにも見える切り立った丘や横に伸びた台地の上空に白い積雲が浮かぶ美しい風景は、自然の風物を描いた古典的泰西名画の銅版画を見るようでもある。

ワイアットは懐かしい我が牧場、我が家に帰るという「望郷の念」を抱いている。映画の冒頭から、ワイアットたちの思いと背景のモニュメント・ヴァレーの風景が溶け合ってノスタルジアが画面に漂う。

　四人兄弟のワイアット、弟のモーガン（ウォード・ボンド）、ヴァージル（ティム・ホルト）、末弟のジェームズ（ドン・ゲイマー）は、長旅を兄弟の結束で乗り切ってきた男たちの面魂を見せているが、末弟を除く三人のひげ――分けてもアープのそれは伸び放題で身づくろいとは無縁の旅の苦労が偲ばれる。

　思うに、法と秩序の維持に神経をすり減らす過酷な、しかし意地と正義をかけた保安官の仕事から離れ、牛追いを生業としているワイアットが今渇望しているのは、平和で心の休まるひと時だ。「温かみと懐かしさ」、「心の安らぎ」それに「家族や友人仲間との親愛の関係」と言ってもいい。

　ロナルド・L・デーヴィスは前掲書の中で、『荒野の決闘』が作られた経緯とジョン・フォードがどのような思いをこの映画に懸けたかを綴っている。


　1946年、ハリウッドの映画スタジオは頂点（絶頂期）を迎えた。この年9000万人が毎週映画館に足を運んだ。ジョン・フォードは20世紀フォックスとの契約の義務を抱えたまま戦争から帰還し、その責務を果たすつもりになっていた。神話となっている西部劇が映画観客を惹きつける魅力を失っていないことを認識していた製作者のダリル・ザナックは「楽しくわかりやすい西部劇を作らないか」とフォードに提案してきた。「あんたのために申し分のないキャストを集めることが出来るよ」と彼は言った。

そこで、フォードと20世紀フォックスの製作の最高責任者（ザナック）は、ワイアット・アープの境涯にさほど厳密に依拠することのない『荒野の決闘』(*My Darling Clementine*）を作ることを決めたのだった。その主な理由は、フォードがクライマックスとなるＯＫ牧場の銃撃戦の中にドラマチックな可能性を見ていたからだった。『荒野の決闘』はフォードにとって『駅馬車』以来の西部劇で、過去20年間におけるたった２本目の作品になるものだった（１９３９年に『モホークの太鼓』というフォードが最初に手掛けたカラーの西部劇を加えると、20年間で彼が監督した西部劇は、実は３本ということになる）。『荒野の決闘』を皮切りに、フォードはこのジャンルで彼の最も多作の時期に入っていく。

ザナックがこの映画をモニュメント・ヴァレーで撮影することを許可してからは特にフォードは『荒野の決闘』の構想に愛着を抱くようになった。ハリー＆マイク・グールディング夫妻の経営する交易所のあるあたりは、人里離れた静かなところで、フォードが戦争を忘れ現代の生活に復帰するためには理想的な場所であった。それに何より、フォードは、ワイアット・アープを個人的に知っていると主張した。〈筆者訳、（　）内も筆者注〉

私がここで注目したいのは「フォードが戦争を忘れ現代の生活に復帰する」というくだりである。

つまりこれが『荒野の決闘』という映画の根底にある情趣を生み出すもとになっているのではなかろうか。

デーヴィスは次のようにさらにフォードの心境に踏み込んでいる。

1945年10月、ハリウッドに戻った時、フォードは市民としての生活に適応することに困難を覚えた。彼は第二次大戦で戦い、パープル・ハート勲章と勲功章を授与され、祖国のために立派に尽くしていた。それは自分の人生の最も実りある時だった。そして今その時期は過ぎ去りつつあることを悟ったのだった。〈筆者訳〉

❖美と規範を伝統の中に求める

第二次世界大戦に米国が参戦する中で、軍人として国になんとしても貢献したいというフォードの思いは映画監督であることよりもはるかに強かった。そんなフォードであれば、連合国の勝利で戦争が終結することは、彼にとっては危険を顧みずに祖国のために命を投げうった栄光の時が過去のものとなることを意味していた。さらにデーヴィスは指摘する。

彼が復帰した社会は変貌を遂げており、それは空虚で失われたものであり、崩れかけていた。ハリウッドの偶像破壊者であるフォードはより一層シニカルな人間になって帰ってきたのだ。もはや彼はポピュリスト（大衆主義者）の社会活動家ではなかった。彼は自分が年老いていると感じた。ハリウッドと益々歩調が合わなくなっていた。彼はこれまで以上に自立を求め、過去の伝統の中に答えを求めるようになっていた。〈筆者訳〉

つまり、良きことは過去の伝統の中にある、というのが戦後映画に復帰したフォードの追求すべきテーマとなったのである。彼はそのことを理屈で考えたのではなく、自らの戦争体験と映画業界の変化を肌身に染みて感じ取っていたからこそ、そういう境地に達したのだろう。

そんな彼に*Frontier Marshal*（アラン・ドワン、１９３９年）の再映画化の提案がザナックからなされた。製作者のザナックがそうしたのは、彼の目論見もあってのことだった。１９３９年に製作された*Frontier Marshal*（アラン・ドワン）はヒット作であった。ザナックは、もしある物語の映画が成功したなら、それは再映画化の価値があるという考え方を持っていた。興行面から見ればこのザナックの論法は妥当なものだった。製作者ザナックは「金になる」と思ってフォードに再映画化の提案をしたのである。

一方のフォードは、これに対して全く別の目論見と動機を持ってぃた。フォードがまだ若くて小道具係の仕事に携わっていた当時、セットを訪れることもあったワイアット・アープをフォードは知っていたし、西部の伝説的人物であるワイアット・アープを主人公にした映画をリメイクすることに彼は抵抗を感じることはなかったに違いない。それどころか、畏敬の念さえも抱いていたであろう伝説のヒーローを主人公にした映画なら、フォードのノスタルジアの想像の翼を思いっきり広げることが出来ると彼はほくそ笑んだかもしれない。そのためには、ロケ地はフォードが発見した「ワンダーランド」でなければならなかった。

フォードはザナックにモニュメント・ヴァレーでの撮影を強く訴えた。ザナックの了承を取り付けたフォードは心を躍らせて映画の製作に取り組んだ。まさに、人里離れた大自然の妙ともいうべきモニュメント・ヴァレーはフォードの心を癒やす絶好の場所であったし、また画家が無地のキャンバスに絵筆をふるって絵を描くように、彼の創造力を駆使して、美と規範を伝統の中に見出すという戦後のフォードの「存在理由」追求の旅に乗り出す絶好の機会も提供してくれたのであった。

『荒野の決闘』全編に漂う郷愁は、フォードのこうした状況と映画作家の心の欲求から生み出されたものであると考えることが出来よう。いわばフォードの「自己同一化」（自分の価値を最も高めてくれるもの、自分でも一番重要だと思うものに自ら同一化すること）願望を図らずも表白したものということも出来よう。

❖郷愁の第一主題の例示――理髪店でひげをそってもらうこと

冒頭、ワイアット兄弟がモニュメント・ヴァレーの丘や台地を背景に草原で牛追いをしている時に、牧場を経営しているが牛泥棒も稼業とするオールド・マン・クラントン（ウォルター・ブレナン）とその長男のアイク（グラント・ウィザース）に出会う。クラントン親子は四輪荷馬車に乗って、ワイアットたちの様子を窺っていたのだ。二人とも一目で悪相と分かる。登場人物の最初のワンカットでその人物の人となりを余すところなく暴き出すという手法は、サイレント映画ではよく見られるものだが、フォードはこのシネマトグラフィックな手法を『駅馬車』の中でも用いている。銀行家のゲートウッドのミディアム・ショットがそれだ。彼は銀行に届けられた5万ドルの金箱を盗み出そうとするとんでもない悪党だ。紳士ぶったこの男の本性がワンカットで暴露される。

かくして、クラントン親子は悪を象徴する人間として登場する。ワイアットたちのアンチ・テーゼとして。ワイアットの希求する郷愁に立ちはだかる不吉な障害として。

オールド・マン・クラントンは、牛を売らないかと低い値段でワイアットに持ちかけるが、ワイアットにその気はない。

「それにしても、ここは荒い土地だ。何という所かね」

「丘の向こうに大きな町がある。トゥームストーンだ。いい町だよ」

「トゥームストーン？　聞いたことがある。今夜、弟たちと行ってみるか。ひげをそってビールでも飲むとするか」
「そうさ。楽しんできな。大きな町だ。何でもある」
とオールド・マン・クラントンは愛想がいい。ところが、ワイアットが牛の群れのほうに去っていくと、クラントンはがらりと表情を変える。口もとの笑みが消えて、その口からのぞく歯は野獣が剝き出す獰猛な牙のような凄みをみせる。これだけの動きでオールド・マン・クラントンの仮面をかぶった獣性が露わになるわけだ。アカデミー賞を3回受賞したウォルター・ブレナンの顔の表現力の的確さがきらりと光るシーンだ。
夜、チャックワゴン（食料や調理器具を運ぶ幌馬車）の傍らで食事をしたワイアットたちは、末弟のジェームズが大事そうに手にしている首飾り――それは恋人のスーのために25ドルもの大枚をはたいて彼が買ったものだが――に他愛のない茶々をいれる。微笑ましいシーンだが、実はこの首飾りが、物語の後半以降でOK牧場の決闘へと急展開していく伏線にもなっている。ワイアットは、ヴァージル、モーガンとともに末弟のジェームズを残してトゥームストーンに一時の息抜きに出かけていく。「行っておいでよ」と兄の一人ひとりの名前を呼びながら見送るジェームズ。まだあどけなさを残したその微笑む末弟の顔をカメラはいつまでも凝視するように見守る。この長いシーンは、前述した首飾りのクローズアップとともにジェームズの悲劇的運命を予兆するものとなっている。手練れのフォードの典型的な映画表現と言っていいだろう。

馬に乗ったワイアットたちが丘の上から見下ろすトゥームストーンの町の明かりが見える。夜空に浮かぶ墨を塗りたくったような黒い雲の間から残照がかすかにさしている。天候は荒れ模様だ。その暗闇の中を3人は馬を駆っていく。

3人は夜の帳の下りたトゥームストーンの町の通りを並足で進んでいく。通りに面したサルーンやホテルからはまばゆい光がこぼれてくる。歓声とも嬌声ともつかないにぎやかなざわめきで通りは溢れかえっている。テンポのいい弦の音も聞こえてくる。

しかし、旅人にとっては夜の街の喧騒はどことなくノスタルジックだ。会社勤めをしていたころ、よく出張先で夜の街をそぞろ歩きしたものだが、夜の街の灯は、闇に咲く花のように何か謎めいてひそやかだったことを思い出す。

7年前の同じフォードの『駅馬車』では、この『荒野の決闘』とは対照的に、昼の活気あふれるトントの町が描かれていた。往来を行き来する馬車や群衆の喧騒は、勃興する西部の姿を見事に活写していたものだった。あれが「動」の象徴だとすれば、トゥームストーンの夜の街は「静」を表している。店の中から射してくる明かりは闇と混じり合い、憩いと慰安、安らぎへの渇望、メランコリー、郷愁の念を呼び覚ます。夜の街をわざわざ登場させたフォードの心情がしのばれるシークエンスだ。

3人はオリエンタル・サルーンを通り過ぎ、「ボン・トン・トンソーリアル・パーラー」という理髪店らしき店の前で馬を止め、店の中を窺う。ワイアットは伸びたひげをさすっている。「トンソーリアル・パーラー（tonsorial parlor）」というのは、理髪店をユーモラスに表現した言葉だそうだが、ここでは店名の「トン」と韻も踏んでいるところに茶目っ気がある。もちろんワイアットは聞いたことのないフレーズだ。店主は、最新鋭の理髪用のいすを購入したり内装を小奇麗にしたりするなどして、モダンな装備と雰囲気で高級な店に見せたがっているのである。

店主が店の中から出てきて意気揚々と「ようこそボン・トン・トンソーリアル・パーラーへ」とむさくるしいなりの3人を招じ入れようとする。ワイアットは実際家だ。「要するに理髪店（barber shop）だろう」と言って中に入る。出鼻をくじかれた店主（理髪師）は「言いかえればそうなります」と答える。

店主とワイアットのやり取りが面白い。

「ご用命は？」

「ひげだ」

「整髪は？」

「ひげだ」

「お風呂は？」

「ひげだ」

私は冒頭に、『荒野の決闘』の通奏低音は「郷愁」であると書いたが、フォードはそれを端的に「伸び放題のひげをそってもらうこと」という極めて自然な生理的願望を満たそうとする中に具体例の一つとして表現して見せている。郷愁はことさらロマンティックでも高尚でもなく、直截的で微笑ましい欲求の側面もあるのだ。

理髪師はワイアットのひげにブラシでシャボンを塗りたくる。

ところが、その途中で銃弾が理髪店の中に飛び込んできて鏡を砕く。理髪師は逃げ出し、ワイアットは怒り出す。銃弾はさらに二発撃ち込まれて沸騰したポットなどを破壊する。

「ひげそりの願望」――それすら実現出来ないという現実。「繁栄する町」という文明のもう一つの顔だ。

「おちおちひげもそれないなんて、いったいこの町はどうなっているんだ」

拳銃を乱射しているのは、酒に酔ったアメリカ先住民の男。ケイト・ネルソン（ジェーン・ダーウェル）の「淑女の寄宿舎（Ladies' Boarling House）の1階で騒いでいる様子だ。誰も——保安官すらこの男を捕らえようとしない。ワイアットは、愛想が尽きたという表情で手に持った理髪用の白い前掛けを市長に渡すと、自ら建物に近づき外階段を上って2階の窓から中に入り（この時、中から女性の悲鳴が聞こえる——つまりここは売春宿なのだ）、やがて意識を失った先住民の男をサルーンの中から引きずり出してくる。かかとを持って。

市長やケイト・ネルソンを含め、これを見ていた人たちはワイアットの見事な手際に感じ入った表情。

市長は、月収２５０ドルで保安官を引き受けないかと申し出るが、ワイアットは「興味ない」とにべもなく断る。「ところであんたは……？」と問いかける市長に「ワイアット・アープ」と答える。市長の顔に驚きと畏敬の表情が走る。「あのドッジ・シティの保安官の……」と発する市長に「元保安官だ」と正して、探し出した理髪師の腕を抱えてひげそりのために店に戻っていく。こうしてひと騒動を経て、ワイアットはやっとひげをそってもらうことが出来たのである。ささやかな人間としてのたしなみが保たれたわけだ。

ここで大事なことが明らかになる。それは、ワイアット・アープは音に聞こえた元保安官で、その高名は市長をはじめ多くの人の耳にも届いていたということである。ワイアットはただのカウボーイではない、泣く子も黙る法の執行官であったのである。

事実は、ワイアットはドッジ・シティの保安官（marshal）でなく、正しくは補佐長（assistant marshal）であったのだが、一事は万事のたとえ通り、『荒野の決闘』は史実とは相当にかけ離れた「ジョン・フォードの壮大なロマンティック・ファンタジー」（アレン・バラ著 *Inventing Wyatt Earp—His Life & Many Legends*, University of Nebraska Press, 2008）とも言われている。史実を尊重する立場からすると、これは事実からの逸脱である。時代の進展とともに、歴史上の人物に関する知見は確実に充実してくるから、映画はもちろんフィクションではあるものの、事実との関係は必ず問われる運命にある。

ワイアット・アープは今日、その名を知らぬ人がないほど人口に膾炙した米国の伝説的英雄になっており、『荒野の決闘』は数あるワイアット・アープ映画の中で最も名高い作品であることを考えると、この映画がワイアット・アープ伝説の形成に果たした役割は少なくないものがあるのではなかろうか。であるとするならば、そこにはかえって悩ましい問題が伏在していると言えよう。言葉は悪いが『荒野の決闘』は、ワイアット・アープの虚像を作り出すことに手を貸したのではないか？

この点についての総括は、本論の最後のほうで「真実」と「想像力」の関係を論じる中で改めて触れることにしたい。そして、話の進行の中で取り上げた内容が事実と異なると思われる個々の事項については、出来うる限りその都度その章の最後で簡潔に指摘していくように努めたい。

さてもジョン・フォードのワイアット・アープの描き方は、英雄伝説を生み出すうえで最もわかりやすく大向こうをうならせる典型的手法を用いている。その名を耳にすると、あたりがはっとして驚き入るというのは、実は私が子供のころからよく見てきた日本の時代劇の中で、名だたる英雄か剣客が登場するときに決まって使われるテクニックだ。「主人公神話化の常套手段」とでも言えようか。私たちは、旅にやつれひげぼうぼうのむさくるしいカウボーイに見えたワイアット・アープが、実は、腕の立つ豪胆な法執行者であったことを知らされる。これ以降、彼は人々の仰ぎ見る存在になるのである。

❖郷愁の第二主題——深い喪失感と鎮魂の誓い

このワイアットを悲劇が襲う。

ワイアットたちがトゥームストーンの町でしばしの時間を過ごしている間に牛泥棒一味（オールド・マン・クラントンとその息子たち）によって末弟は殺され、牛が奪われてしまうのである。沛然たる雨が降りしきる中、町から野営地に戻った三人は、鐙に片足をかけたまま雨に打たれているうつ伏せの末弟ジェームズの屍を発見する。雨の冷たさと三人の無念さが伝わってくる見事なシーンだ。ワイアットはマンション・ハウスというホテルの中にある市長の部屋のドアをたたく。ドアが開かれると、そこには雨合羽を着た決然たる表情のアープの顔。

彼は、真犯人を捕らえるためにトゥームストーンの保安官の職務を引き受けることにする。

ホテルを出ようとするワイアットは、中に入ってきたオールド・マン・クラントンと四人の息子たちに、ロビーで出くわす。一仕事やってきたわい、という表情のクラントン一家の面々に浮かぶ驚きと動揺。それも当然だ。目の前の男は、盗んだ牛の所有者であり、殺した男の兄弟なのだから。

ジョン・フォードはここでもう一度、ワイアット・アープという男の名前がこの西部中にいかに轟き渡っているかを駄目押しのように私たちに知らしめる。

この地でワイアットが保安官をやることを知ったオールド・マン・クラントンは、憐れみとも軽蔑とも取れる口ぶりで、

「保安官だって、この町で！　幸運を祈るよ、あんた。お名前は……？」

と去りゆくワイアットに声をかける。これに対する返事は、

「アープ、ワイアット・アープだ」

ぎょっとする表情を浮かべるオールド・マン・クラントンたち。

思いもよらない強敵のワイアット・アープと抜き差しならない対決に身を置くこととなったことを彼らは悟る。

しかし、仇敵との対峙のこの一瞬の緊張は持続しない。ワイアットは、犯人はクラントン一家だとの目星はつけているのだろうが、何の確証も手に入れていないから、ここではまだ対決

の幕は上がってはいないのである。ホテルの入り口にたたずむ不穏な気配のクラントン兄弟を尻目に、雨合羽姿のワイアットはホテルを出るとポーチの上を歩み去っていく。その遠ざかる彼の姿を捉えながら、画面は次第にフェード・アウトする。降りしきる雨の音が一段と高まる中で。夜の雨、濡れた雨合羽姿からはワイアットを襲った悲劇の無情さとそれに向き合うことを決意した彼の厳しさが滲み出てくる。

翌日。

スクリーンに登場するワイアットは、カウボーイ姿ではない。小ざっぱりとしたいで立ちの保安官の姿だ。彼はジェームズの墓を訪れる。そして、悲しみに耐えて平和（安寧）への思いと決意を語るのである。

ジェームズの墓は、モニュメント・ヴァレーの、アープ兄弟が野営した場所の近くにある。ほろほろと棚引く雲が悲しいほど美しい。哀調を帯びた民謡 *Ten Thousand Cattle* がゆっくりとギターで奏でられる。抒情詩のような挽歌の情感に満ちたシーンが、セピア色のエッチングの絵のように描き出される。私はこのシーンが一番好きだ。

彼は墓石を斜めに立てる。そして積み上げられた石の上に腰を下ろして亡き弟に語りかける。これを演じているヘンリー・フォンダが実にいい。

「１８６４年から１８８２年……18年か。短い一生だったな。父さんにもコリー・スー（ジェームズの恋人）にも知らせておいたが、どんなに悲しんでいるだろう。スーはまだ若いが父さんはな……。父さんは立ち直れないだろう。

欠かさず来るよ、ジェームズ。モーガンもヴァージルもな。私はしばらくここにいることにしたんだ。ここを出ていく時は、お前のような若者が二度とこんな目に遭うことなどなくなっているだろう」

そうしてワイアットは名残惜しげに振り返りつつ馬に乗って去っていくのである。

ここには復讐心に燃える戦闘的でぎらつくワイアットの姿は見えない。あるのは、深い喪失感を心の奥に宿した兄の、命を奪われた弟への鎮魂の呼びかけであり、それはまた自分に対する心の表白でもある。忖度すれば、繰り返しになるが、その喪失感は大戦を終えてフォードが自らの心の中に見出しているものであったろう。失われてしまった命は二度と帰ってくることはない。満たされない思いは生涯、未来永劫虚空をさまように違いない。その断絶は絶対的だが、しかしまたそこから生まれてくる祈り、平和や安全への願いもまた滅びることはない。『荒野の決闘』の復讐劇の奥に流れているのは、そういう喪失と平和への思いという背中合わせの郷愁ではなかったろうか。そうしてフォードもまた『荒野の決闘』を作る過程で、喪失感を乗り越えて自らの新たな座標軸を見出す必要に迫られていたのだった。

余談になるが、ワイアットの服装について一言ふれておこう。

彼は、黒い厚手の襟の大きなシャツを着てその上に光沢のあるベストを羽織っている。胸には保安官バッジがとめてある。ひげはきれいに刈り込んであり、むさくるしい昨日までの様子とは様変わりだ。ただし、帽子だけは変わっていない。幅広で山高の中間色のステットソンだ。典型的なカウボーイの帽子と言っていいだろう。これが実によくヘンリー・フォンダに似合うのである。

史実のワイアットの帽子はこれとはかなり異なる。彼がかぶっていたのは、町の住民や実業家が着けていたような黒い帽子であった。トップクラウン（てっぺんの部分）は平べったく、鍔は平らで縁は丸かった。多くのワイアット・アープ映画の中では、『トゥームストーン』（1993年）のカート・ラッセル（ワイアット）がかぶっていたものがそれに近いと言われている。

❖牛飼いをしたことのないワイアット

話は後先になるが、ワイアットは映画に登場するような牛飼い（cattleman）を業としたことは一度もなかった。彼は若い時は名うてのバッファロー・ハンターであり、長じてギャンブラー（賭博師）、投機家、金鉱を探す人、サルーン経営者であり、時に法執行者であった。彼が最晩年、ハリウッドで西部劇のアドバイザーのようなことをしていた時、彼は製作者たちに、自分は決して連邦保安官ではなかったこと、そして「人生の大半を自分の職業——それは賭博をすることであった――に楽しく従事してきたこと」を包み隠さず打ち明けたそうだ。製作者たちは一向に耳を傾けなかったが……。彼らにとって、賭博師の保安官の話など興味もわかなかったし、大衆の喝さいを博する西部劇の主人公としてそれはぞっとしない組み合わせに思えたことだろう。

映画では、ワイアットが長男で、次男がモーガン、三男がヴァージル、末弟がジェームズとなっているが、事実は、ジェームズが長男、ヴァージルが次男で、ワイアットは三番目、四男がモーガンだ。さらにその下にウォーレンという五男がいた。

この辺りはかなり適当に――というかやりたい放題に脚色されているような感じだ。

もちろん、5人ともカウボーイではなかった。彼らはまた、作物や家畜を育てる農業は嫌いだった。彼らはブームタウンに富を求めて集まる人々と変わるところはなかった。そこには金鉱探しや賭博、不動産取引といった、一攫千金のチャンスが転がっていた。もっとも、それはリスクと背中合わせではあったが。そんな中で、法執行官の仕事は安定的な収入をもたらすので、この職に就くことは保険を掛けるような意味もあった。ワイアットをはじめヴァージル、モーガンも法の執行官の仕事を手掛け、彼らは豪胆で正義の執行は厳正だった。おまけにアープ兄弟は緊密な肉親の絆で結ばれていて、その結束力は彼らの妻たちが嫉妬するほど強固だった。

❖史実よりも1年遅い『荒野の決闘』の物語

もともとこのアリゾナの南部では、牛泥棒や駅馬車強盗などで荒稼ぎしていた「カウボーイズ」と呼ばれる犯罪集団が勢力を誇っていた。そこにアープ兄弟が集まってきたのだ。金を稼ぐことに鋭い嗅覚を持つワイアットが、兄弟に声をかけたのだろう、とも言われている。ヴァージルはこの地域の治安を所管する連邦副保安官に任命されていた。犯罪集団の「カウボーイズ」と次第に対決姿勢を強めっていたのがワイアットを中心とした法と秩序の執行の志向性を持つアープ兄弟だった。対立の激化の果てに「ＯＫ牧場の決闘」が引き起こされたのは１８８１年のことである。

ところが、『荒野の決闘』の物語の時代設定は１８８２年となっている。ジェームズの墓碑にも、没年は１８８２年と記されている。史実よりも1年遅れているのである。これは意図的な変更だろうか、それともうっかりミスだろうか。

もし意図的だとしたら、ひょっとすると——これは深読みかもしれないが、フォードは、『荒野の決闘』が史実とは異なることをあえて示すために、物語の時代設定を１８８２年にしたのではないかとさえ思われてくる。一方、うっかりミスだとすれば、フォードはかなり歴史を牧歌的に大まかに捉えていたことになるだろう。映画の製作された１９４６年当時、ＯＫ牧場の決闘に関する歴史考証がそれほど厳密になされていたとは思えない。また、その後西部史上最も有名になったこの決闘も、戦後間もないその時期ではあまり多くの人々のよく知るものではなかったのだろう。

いずれにせよ、フォードは事実に頓着することなく、夢の国フォードランドで想像の翼を思いっきり羽ばたかせたのに違いない。


さて、こうして『荒野の決闘』の物語は、平和な生活・安らぎの日常への憧れ——それを私はワイアットの心情に照らして「郷愁」と名付けた——と、これを阻害する「悪」との戦い、という明確なテーマが打ち出されるわけだが、そのテーマの追求と急展開は、映画の最後の最後まで待たなければならない。

❖今後の物語の時間的経過

先回りをして、これからの時間の経過を見ておくと、この日、ワイアットは墓参りから帰ると、夜、オリエンタル・サルーンでカード・ゲーム（賭博）をする。そしてドク・ホリデイと顔を合わせ知己になり、二人は、シェークスピア役者が『ハムレット』の有名なセリフを詠誦する場に遭遇する。

翌日、彼は東部からドクを捜しにやってきたクレメンタイン・カーターという清楚な女性に一目で惹かれてしまう。ワイアットは彼女の愛を求め、一方ドクは彼女を拒否する。ドクには酒場の歌姫チワワという情婦がいる。映画は、このクレメンタイン・カーターとチワワの恋のさや当てと二人の男の恋の葛藤を抒情と感傷たっぷりに美しく描き出す。ワイアットとクレメンタインが腕を組んで建設途中の教会に向かい、そこでダンスに興じる有名なシーンが登場する。

3日目。

町に残ることを決めたクレメンタインに激怒したドクは、自ら金塊輸送の駅場車の護衛となって町を出る。ところが、チワワが身に着けていた首飾りが殺されたジェームズのものであることが判明。チワワがそれはドクからもらったものと言い張ることから、ワイアットはドクがジェームズ殺しの犯人と断定してドクを追い逮捕する。しかし、その首飾りは、実はビリー・クラントンがチワワに与えたものだった。その告白を陰で聞いていたビリーはチワワを銃撃する。逃げるビリーはワイアットの銃弾を受け、さらにヴァージルに追跡され、家に着くとこと切れる。直後に到着したヴァージルはオールド・マン・クラントンに射殺される。決定的となるアープ兄弟とクラントン一家の対立。

4日目。

トゥームストーンのはずれのOK牧場で雌雄を決することとなる。自分が執刀したものの命を落としたチワワの仇をうつためにドクはアープ側につく。壮絶な銃撃戦の末に、クラントン一家は全滅する一方、ドクも仇をうつものの落命する。

数日後。

教師として町に残ることを決めたクレメンタインが見送る中、ワイアットとモーガンがメサの彼方に去っていく。

時間的に見ていくと、全編96分の映画の中で、冒頭からジェームズが殺されワイアットが保安官を引き受けるまでが13分。ジェームズの首飾りをチワワが着けているのにワイアットが気付いてからラスト・シーンに至るまでがおよそ30分弱だ。つまりOK牧場の決闘に直接かかわる物語の部分は約40分で、残りのおよそ1時間弱は、町の人々や旅芸人、主人公の4人の人間模様と風物詩を描くことに費やされているのである。

❖『荒野の決闘』の本当の主人公

ジョン・フォードが『荒野の決闘』の中で本当に描きたかったのは、ワイアット・アープとドク・ホリデイのトゥームストーンを舞台にした「郷愁」にまつわるポエジー（抒情詩）である。チワワもクレメンタインも、映画の中では、二人の男性の引き立て役、補完的な役割の立場にある。映画の中に濃厚に漂う郷愁の探究者になったりあるいはその想いに身をやつしたりするのは、ワイアットとドクであって、チワワやクレメンタインではないのである。主人公はその男性二人である。

John Ford: Hollywood's Old Master の著者デーヴィスによれば、フォードは、『荒野の決闘』に続く西部劇の次回作の『アパッチ砦』（１９４８年）のロケ地であるモニュメント・ヴァレーについて、次のように語っていたそうだ。

私はこの撮影用の場所で映画を撮るのではない。私の西部劇の花形役者は常にこの土地なのだ、と言ってもいい。〈筆者訳〉

そうであるなら、『荒野の決闘』の真の主人公は、モニュメント・ヴァレーであったのかもしれない。

さて、著名な米国の映画批評家ロジャー・イーバートは、*The Great Movies* (Broadway Books, 2009) の中で「すべての西部劇の中で『荒野の決闘』は最も愛しくて素敵で思いやりに満ちた映画だ」と評している。

彼はさらに次のようにも言っている。

そのことは、タイトルに現れている。映画のタイトル *My Darling Clementine* は、ワイアットでもドクでもなく、ましてや決闘でもなくクレメンタインにまつわるものだ。物語の中で保安官アープに降りかかる最大の出来事は間違いなく彼女なのである。〈筆者訳〉

そう、確かにワイアットの憧憬の最大の対象となっているのがクレメンタインであることは全く疑いのないことである。

次の章では、このクレメンタイン・カーターとワイアット・アープについて語ることにしよう。

第2章 クレメンタインとワイアット

郷愁の第三主題――淑女への憧憬

『荒野の決闘』のオリジナル・タイトルが*My Darling Clementine*であるように、この映画の中に描かれる幾つかの「満たされない憧れ」の核心をなすのは、ワイアット・アープの、クレメンタイン・カーターに対する愛の物語である。言い換えれば、それは「郷愁の第三主題――淑女への憧憬」となろう。

❖クレメンタイン・カーターの登場

クレメンタイン・カーターが登場するのは、映画のおよそ3分の1が過ぎたあたりだ。彼女は、ドク・ホリデイを捜し求めて西部の町から町を経めぐり、このトゥームストーンにやってきたのだった。アープはホテルの前のポーチに椅子を置き、長い足の片方の先を柱に当てがいながら通りをそれとなく見ていた。怪しげな人物やもめごとなどを監視するのが保安官の仕事

なのである。

折しも駅馬車が到着して中からクレメンタイン・カーターが、ホテルの若いクラークに手を取られて降りてくる。美しい弦の響きとともに *My Darling Clementine* の主題歌が風雅に高らかに奏でられる。花をあしらい長いリボンを付けた幅の広い帽子をかぶり、ケープをまとい清楚にきちっとロングドレスを着たクレメンタイン。これをワイアットが目にする。一目で彼女の気品と愛らしさに惹かれたワイアットは、思わず椅子から立ち上がり中折れの鍔広の帽子の端をつまんでクレメンタインに敬意を表するのだ。そして、駅馬車の荷台から彼女の荷物を降ろすばかりか、それを両手に持ってホテルの中に入り、彼女の部屋まで運んであげるのである。強面のこの男のなんという振る舞いだろう！　食堂で食事中のモーガンは、振り向きざま荷物を運ぶワイアットを見て仰天し、コーヒーカップに入れるべき砂糖をテーブルに危うくこぼすところ。

大学生の時に購入した映画の本の中でこのシーンのことが取り上げられていて、いかに見事にワイアットの動作が捉えられているかを、コマを追うように並べて解説していたように記憶している。「青年のようなワイアット」の愛すべき姿は何度見ても微笑ましく楽しい。『荒野の決闘』の尽きない興趣の代表的な一つである。

クレメンタインは、フロント・デスクで「医師のジョン・ホリデイに会いたいのですが」と受付係の若い男に来意を告げるが、彼は「ドクター・ジョン・ホリデイ」とはいったい誰のことやら分からない。鞄を持ったまま「ドク・ホリデイのことですか？」とクレメンタインに問いかけるワイアット。「そうだと思います」とワイアットに微笑むクレメンタイン。ドク(doc)はドクター(doctor)の短縮形で親しみを込めた呼びかけの時などに用いられる。このドクがここトゥームストーンではファースト・ネームのように使われているわけだ。クラークもそのことに気付いて「そうか。ドク・ホリデイなら今朝３時ごろ南のほうに向かいました。いつ帰るか分かりませんが」と答える。ワイアットが、ここで助け舟を出す。「多分、夕方までには戻ってくるでしょう」

❖ドクとクレメンタインを結びつけるもの

このさりげないやり取りのなかに、ドクという人物の中に「現在のドク」とクレメンタインが口にしたもう一つのジョンというファースト・ネームの「過去のドク」が存在することが示される。サルーンのオーナーで喧嘩早いギャンブラーの、しかも酒場のダンサーで歌手でもあるリンダ・ダーネル演じるチワワ（ロジャー・イーバートによれば、彼女は娼婦である）というメキシコ人の女と懇ろのドクに、いったいどういう過去があるのだろう。清楚で慎ましやかな美しさ、東部（文明）の気品と知性の香りを漂わせるこのクレメンタインという女性とドクを結びつけるのは何かを、ワイアットならずとも、私だって知りたくなる。

2階に上がり、クレメンタインはドクの部屋が自分の部屋の向かいであることを知る。そのドクの部屋のドアをためらいもなく（というか懐かしさに駆られて）開けて中に入るクレメンタイン。部屋の中はきちんと整頓され、壁には彼の若いころの写真や医師の免許状がかけられている。書架には本も詰まっている。キャビネットの上には医師の鞄や酒瓶が。その鞄にふれながら、入り口で中を見ているワイアットに、

「彼は立派な外科医ですわよね？」

と、同意を求めるクレメンタイン。

ドクについてはほとんど何も知らないワイアットは「私には分かりかねます」と答えざるを

得ない。クレメンタインは小さな化粧台の上のフレームを手に取る。クレメンタイン自身の微笑んだ肖像写真だ。ワイアットもそれを見る。ドクとクレメンタインは恋仲だったことが分かる。「おきれいですね」と言うワイアットの胸中を羨望と落胆の思いが過ったことだろう。

夕方、クレメンタインは人々でごった返しているサルーンのレストランに降りてくる。サルーンの奥にはスウィング・ドアを開けて入ることの出来る厨房とプライベート用の食卓があり、そこでワイアットとドクが食事をとっている。その厨房の部屋の入り口近くでチワワがギターを爪弾いている。自分の出番を待っている感じだ。そこにはステージ用の台があり、ピアノも置かれている。

クレメンタインは、その入り口近くの、空いている席に腰を下ろす。彼女の目とチワワの目が合う。クレメンタインは上品な微笑を浮かべて、目で挨拶するが、チワワは不愛想な視線を返す。チワワは、女性の鋭い勘で、クレメンタインに胡散臭いものを感じ取っているのかもしれない。

通りがかったバーテンダーのマック（J・ファレル・マクドナルド）は、クレメンタインがドクを捜していることを知って、「お入りなさい、あの中です」と入り口のスウィング・ドアを示す。

❖君が知っている男はもういない

中に入ってきた彼女を見て、ドクは呆然として立ち上がる。苦悶に満ちたドク（ヴィクター・マチュア）の顔。顔の半分は暗い影に沈んでいる。「クレム（Clem）じゃないか！」と絶句するドクに対して「お久しぶり、ジョン」と笑顔で進み出て両手でドクの手を握るクレメンタイン。このクレメンタインの思いのこもった淑女の挙措は、彼女のまっすぐで健気な気質を見るようで私は好きだ。

ここから二人の全くかみ合わない会話が始まるのだが、フォードは、二人の立場の違いを光と影で表現している。クレメンタインの顔は光の中に浮かび上がり、一方ドクの顔には黒い影が差している。

クレメンタインは一途だ。「私が来たのに嬉しくないの？　私が迷惑なの？」と迫る彼女に、ドクは、「ここは君が住むようなところじゃない、帰ってくれ、俺を忘れてくれ」と防戦一方だ。

ドクは突然咳き込み、裏口から外に出ると膝を折ってポーチの手すりに体を預ける。尚も咳をしながら。クレメンタインはこれを見て、彼がボストンを去った理由は彼の病気が原因だと合点し、「馬鹿よ、ジョン、そんなこと問題にならないわ」と諭すように言うが、ドクは「これは病気のせいなんかじゃない」の一点張り。「君が知っている男はもういないんだ。そのかけらさえ残っていない。跡形もなくだ」と決め台詞を吐き、彼女をホテルまで送ろうとする。「俺は昔の俺じゃない」というセリフは典型的なクリシェ（決まり文句）だ。映画や小説で何度もお目にかかるフレーズで、今改めてこの映画を見てみると、ドクの存在はかなり陳腐でセンチメンタルに思える（この点についてはあとで触れよう）。

しかし、クレメンタインは諦めない。

「私を追い返すことなんて出来ないわ。あなたは自分から逃れられないし私から離れることも出来ない。あなたが自暴自棄になっているわけがやっと分かったわ。行く先々であなたの噂を耳にしたの。あなたは間違っている。あなたは自分を破壊する権利など持っていない。故郷のボストンに帰ればあなたを愛している友人たちの世界があるのよ。なにより、私はあなたを愛しています」

ひたむきに真情を吐露するクレメンタインの向こうには月明かりに浮かぶ綿雲の夜空が美しく広がっている。彼女と彼女に向き合うドクの二つのシルエットがそれぞれの「満たされない想い」を語っているかのようだ。彫像のような彫りの深い輪郭のドクは「東部行きの駅馬車は明日の午前中に出る。それに乗りたまえ。もし君が乗らなければ私が町を出る」と最後通達を突き付ける。そのドクの目をじっと見つめるクレメンタイン。

取り付く島がないことを悟った彼女は、

「いいわ、ジョン。私が帰ります」

と毅然と答える。

ここには愁嘆場はない。どこまでも逃げを打つドクに対してクレメンタインは追い縋ろうとはしない。彼女は激情に身を任せるというところがないのである。この映画では、クレメンタインは、美的にも倫理的にも「調和の枠（規範）」の順守者となっている。ドクに対して「帰ります」と宣言したクレメンタインだが、彼女は、実際はそうしなかった。

❖埒もない会話の面白さと味わい

話は翌朝に移る。

クレメンタインは愛らしい縁取りの、昨日のよりも少し明るい色のケープをまといロングスカートという装いで、鞄を両手に提げて階段を下りてくる。フロアには誰もいないし、フロント・デスクにも受付係の若い男性の姿が見当たらない。クレメンタインは、ベルを鳴らすが誰も出てこない。彼女は入り口近くの長椅子のところに行って腰を下ろす。

昨夜は気丈だった彼女はハンカチで目頭を押さえる。今しがた、ホテルの彼女の部屋のドアを無作法にも開け放って「あたいチワワ。ドク・ホリデイの女よ。あんたが荷造りをしているのを確かめに来たのさ」と険のある目でにらみながら嫌味を言ったチワワを思うと、なおさら恥辱と口惜しさ、そして悲しみがこみあげてくるのだろうか。

そのホテルのロビーにワイアットが口笛で*My Darling Clementine*を吹きながら入ってきて、中を見回しクレメンタインに気付き、思わず帽子をとると、彼女に歩み寄る。貴婦人への敬意と含羞。ヘンリー・フォンダの所作のなんと愛らしいことだろう。

「帰るんですか?!」

「はい。東部行きの駅馬車に乗ります」

「日曜日の東部行きは昼までありませんよ。……ずいぶん短い滞在でしたね」

「長すぎるという人もおりますの」

ここから二人はそれぞれミディアム・ショット（半身像）で描かれる。

ワイアットは、ぱりっとした三つ揃えのダークスーツを着ている。少し前に例の理髪店で整髪をしたばかりだ。出しなに店主がワイアットの首の後ろ側に噴霧器でセイヨウスイカズラの香水を振りかけてくれたので近づくと甘い芳香が匂う。

「あなたは諦めがよすぎるように思いますが」

クレメンタインは保安官を見ずに一点を凝視したまま胸の内を打ち明かす。

「保安官、あなたは女の自尊心をご存知ないようね」

ここから画面はロング・ショットに戻る。

「（帽子の鍔をぎこちなくいじりながら）そのようです」

と答えるワイアット。彼にはかけるべき言葉がなかったのだろう。

厨房から、正装して華やいだ料理人の女たちが一斉に出てきて、ちらっと二人を見ながらロビーを横切り、ホテルを出ていく。彼女たちは教会に向かうのである。若い受付係も後から出てきて「夕食までに戻るんだよ」と声をかける。彼はフロント・デスクの前に置かれたクレメンタインの鞄に気付き、それを運べなかったことを詫びる。

気まずい雰囲気の様子――それは二人だけの秘めやかな交流のようなものでもあるのだが、それを他人に見られることを気にして、クレメンタインはつと長椅子から身を起こし、ホテルの入り口に移動する。ワイアットもそれに従う。

その時、教会の鐘の音が聞こえてくる。

❖セイヨウスイカズラの香り

ここから映画の調子が変わっていく。暗さから明るさへ、ネガティブなものからよりポジティブなものへ。何より、クレメンタインに生き生きとした活気が戻ってくるのである。

2階から市長が階段を下りてきて、クレメンタインとワイアットに声をかける。

「おはよう、お嬢さん、おはよう保安官。ジョン・シンプソンは教会を造ると言っていたが、やりおったな。トゥームストーンに教会の鐘の音が聞こえるなんて！」

3人で鐘の音に耳を澄ます。

クレメンタインは笑みを浮かべ市長を見やりながら応じる。

「ここ数カ月で初めて聞く教会の鐘ですわ」

「ええ、まったく……」

と二人を見るが、二人の間にある微妙な雰囲気を感じ取った市長は、

「それじゃあ」

と挨拶して帽子をかぶりそそくさとホテルを出て教会に向かう。

クレメンタインとワイアットもポーチに出てくる。

歩道を歩いてくる市長と佇む二人をカメラは手前の歩道の端からロング・ショットで捉える。木造りの歩道とその上に掛けられた屋根のアーケードの彼方に薄墨で描いたようなメサの稜線が見える。上空には雲母摺りの光沢を思わせる空が。日陰の歩道と外の明るい自然の風景のコントラストが美しい。歩道の反対側にはいくつか並んだ馬車の幌が見える。

二人に降り注ぐまばゆい太陽の光。

「私はあなたの町の朝が好きですわ、保安官。（周りを見回しながら）空気がとても澄んでいてきれい。（深く息を吸い込む）砂漠の花の香りもしますし」

「（ぎこちなく）それは私です」

思わずワイアットを見るクレメンタイン。彼と目が合う。ワイアットはボン・トン理髪店のほうにちらりと目配せして、

「理髪店がね」

とぶっきらぼうに答える。クレメンタインは西部男に香水という組み合わせに「まあ。なんということ」とクスリと微笑む。もちろん軽蔑やからかいの風は微塵もない。

クレメンタインはワイアットに顔を向ける。

「保安官、わたくしご一緒していいかしら？」

❖たった二人の教会への行進

遠くから讃美歌『間もなく彼方の』(*Shall We Gather at the River?*) を合唱する声が、鳴り響き続ける鐘の音にかぶさって聞こえてくる。荘重な歌声だ。

ワイアット、一瞬、ぽかんとした顔になる。

彼女は「礼拝に行かれるんでしょう」と畳みかける。

クレメンタインにとって日曜礼拝は身についた習慣となっているのだろう。しかも純朴で頼りがいのあるエスコート役が目の前にいるのだ。

ワイアットは郷里の母親にしつこく言われて教会に行ったことはあるのだろうが、妙齢の美しい淑女とともに礼拝に行ったことなどなかったに違いない。今それを求めている女性がいるのだ。

事態を飲み込んだワイアットは顔をほころばせる。

「ええ、もちろんですとも。喜んでお供します」

ワイアットは腕を差し出し、クレメンタインはその肘にそっと手を添える。

人のいない歩道を歩むのっぽの保安官と可憐な東部から来た女性。何という微笑ましく類いまれな「たった二人の行進」だろう。『間もなく彼方の』の合唱が次第に大きくなる。

いつの日か集わん
輝く御使い水晶の波
神の御許の流れのそばで

しずしずと歩む二人はまるで華燭の典に向かうカップルのようだ。

二人は歩道の端を左に曲がると建設中の教会に向かう。その角にある理髪店の店主はちょうど店の前に立っていて、前を通り過ぎる二人に、腕を振り上げ人差し指を宙に突き出して祝福のサインを送る。茶目っ気たっぷりのフォードの演出には、遊び心と詩心があふれている。

二人の進む先には、綿雲がぽつんぽつんと浮かぶ青空を背景に、高い櫓が組まれていてそのてっぺんに鐘が吊るされている。教会の骨組みも見える。設えられた礼拝用の床の端には米国国旗が風に棚引いている。そして大勢の人々が讃美歌を歌っている。

聖書朗読台の傍らに、バイオリンを小脇に抱え弓を持って立つのはジョン・シンプソン。額に刻まれた幾本もの深い皺と口ひげ、深い眼窩の奥の温かみのある瞳には、この人物が苦節を乗り越えてきた開拓民であることが読み取れる。先ほど市長がその熱情に驚嘆していたディーコン（deacon＝助祭）だ。ディーコンというのは、平信徒で教会のために尽くす事務局長のような人物を言う。篤い信仰心と実務の才が求められる。

演じているのはラッセル・シンプソン（1880〜1959年）だ。彼はフォード一家の一員で、フォードの映画10本に出演している。名作『怒りの葡萄』（1939年）では、主人公トム・ジョード（ヘンリー・フォンダ）の父親を演じた。痩せてひょろっとした風貌、独特のしわがれ声に飄逸な味があった。私が鮮やかに覚えているのは『友情ある説得』（ウイリアム・ワイラー、1956年）の中の、謹厳だがお猿さんのような顔をした滑稽味があるクエーカー教徒の長老の役だ。

「さて、皆の衆、トゥームストーンに最初の教会が出来ることになった。まだ名前も牧師も決まっておらん。牧師ぶるわけでないが、わしは聖書を何度も何度も読んだけれども、ダンスをしてはならんとは一言も言っておらん。そこでじゃ、今日の会合（資金集めのパーティー）は飛び切りのダンスで始めようじゃないか」

❖ワイアットとクレメンタインのコミカルで優雅なダンス

歓声を上げる会衆に応えて聖書朗読台から一歩離れると、シンプソンは足を踏み鳴らしてテンポを取りつつフォーク・ダンスの曲としても知られる『ゴールデン・スリッパーズ』（*Golden Slippers*）の演奏を始める。「待ってました」と言わんばかりに踊り出す人々。

そこにワイアットとクレメンタインがやってくる。

クレメンタインは音楽に合わせて手拍子を取り、楽しげにそして期待を込めてワイアットをちらりちらりと見る。武骨なワイアットは、身を固くしたまま前方を見ている。そんなワイアットをクレメンタインは笑いを抑えて見やっている。

ワイアットは意を決したように帽子を取り、しばしそれを握りしめた後で脇に放ると、クレメンタインに「踊っていただけませんか」とぎこちなくお辞儀をする。「喜んで」とケープをワイアットの腕にかけ、彼女はワイアットとともにフロアに上る。シンプソンは二人に気付き「新しい保安官とお美しいご婦人のために場所を開けてくれ」と呼びかける。

ここからワイアットの――というよりヘンリー・フォンダの忘れられないダンスが披露される。フォンダはあの長い足を思い切り高く上げてステップを踏みながら、しかも軽快にくるりくるりとフロアの上を踊りまわる。人々は輪になって取り囲み、手を打って二人のダンスに興じている。リズムに合わせて調子を上げる二人の顔には、輝くような笑みが現れてくる。コミカルだが優雅なダンス・シーンだ。

フォンダのこの踊り方は、同じくジョン・フォードが1939年に作った『若き日のリンカーン』に起源がある。ここでは、ヘンリー・フォンダ（リンカーン）は、彼に想いを寄せる上流階級の淑女と踊る時に少しおずおずとこの踊り方を見せている。面白いことに音楽まで同じだ。しかし、女性は「あなたはダンスが上手でない」と言って打ち切ってしまう。この後彼女はリンカーンを外のテラスに誘うのだが、リンカーンは女性と恋を語ろうとはしない。『若き日のリンカーン』では、ダンスは二人を結びつける機能を果たしていないのである。それとは異なり『荒野の決闘』では、ダンスがワイアットとクレメンタインを結び合わせる役割を果たしている。それは少し大げさな言い方をすれば、西部（男）と東部（女）の融合・融和を意味しているともいえよう。

フォードはフォンダの『若き日のリンカーン』の踊り方が気に入っていて、それを踊るように求めたそうだが、『若き日のリンカーン』ではその踊りは単なる挿話にしかならなかったものが、『荒野の決闘』では、より豊かな象徴的意味すら含む名場面に昇華されたものとなったのだった。

❖荒野から花園を切り取る

クレメンタイン・カーターはこの映画の中で、砂漠に咲いた一輪の花である。

しかし、それはあまりに月並みな表現だ。

この教会の資金集めの行事のあとで、クレメンタインはワイアットとともに、ホテルのレストランで夕食を取ることになる。そのテーブルには助祭のシンプソン夫妻も着いていて、楽しげに談笑している。おまけに、料理の鳥の丸焼きを切り分ける役はワイアットが担うのである。

クレメンタインは、結局東部行きの駅馬車に乗らなかったのだ。後で明らかになるが、彼女は、トゥームストーンの町に残って教師になることを決意するのである。

それは、彼女がワイアットを好きになったからだろうか？

それも幾分かはあったろうが、私はそうではなくて、彼女がトゥームストーンという町に一体感を感じたからではないかと思う。

この朝、この町には画期的な出来事が起こりつつあった。それは教会の棟上げ式である。

ホテルの二人の微笑ましいやり取りを描くことと並行して、大勢の人々があるいは馬車であるいは徒歩で教会の方角に向かうシーンが印象深く捉えられている。その様は、まるで人々が何ものかに導かれているような感じさえする。市長も料理女も、誰もが喜色を顔に浮かべていそいそと教会に向かうのである。

教会は人々が聖職者の司宰のもとに神の祝福に感謝し、理想の国の建設への思いを確認しあう場——信仰を高め神の僕として信徒の連帯と協力の絆を強める神聖な場所である。西部開拓の人々は、教会をお互いの心のよりどころとして土地を開きコミュニティを築いていった。今トゥームストーンの町に教会が作られるということは、ここに理想のコミュニティが構築されようとしているということになる。多くの人々が喜々として興じるダンスは、その心からの喜びの発露だ。

もう一つ、翩翻《へんぽん》と翻る米国国旗についても触れなければならない。米国国旗は、米国民の統合の象徴でもある。トゥームストーンは地理的には辺境のごく小さな町だが、精神的には今や米国と見事に一体化されている。それは国旗が意味する国民の価値観である「勇気・真実・正義」を共有している、ということであろう。ここにはフォードの揺るぎない米国賛歌がある、といってもいい。

クレメンタインは、この地に誕生したばかりのようなコミュニティに共感を抱き、教育の仕事を通じて精神的、文化的にこの町を高めていきたいという思いに駆られたに違いない。そしておそらくワイアットも、市長やシンプソンとの触れ合いを通じて、このコミュニティに受け入れられつつある自分を見出したことだろう。

そういう意味も込めて、このワイアットとクレメンタインの物語は「西部」と「東部」、「なお未開な西部」と「文明」との調和をシンボライズしていると言うことも出来る。

別の言葉を使えば、フォードの研究家であり伝記も書いているジョセフ・マクブライドがいみじくも指摘しているように、ワイアット・クレメンタイン・教会の話の中においてフォードは「荒野から花園を切り取った」のだった。モニュメント・ヴァレーの荒野の中にこのように美しく詩的な世界をまるで魔法のように作り出し得たのは、私にはほとんど奇跡のように思える。その花園には、かぐわしいセイヨウスイカズラの香りさえ漂っていたわけである。しかもそれは、本物の野性のセイヨウスイカズラではなく、人工の——つまり文明の生んだ香水の香りだったのだ。

❖ヘンリー・フォンダが起用されたわけ

ところで、フォードはなぜお気に入りのジョン・ウエインではなくヘンリー・フォンダをワイアット・アープ役に起用したのだろうか。

この点についてロジャー・イーバートが、興味深いことを前述した本の中のこの映画の評論の結びで言っているので、紹介しよう。

恐らく彼はウエインを古き西部の体現者と考え、一方のより上品なフォンダについては荒野を文明化するような新たな人物として見たのだろう。〈筆者訳〉

ロナルド・L・デーヴィスは、*John Ford: Hollywood's Old Master* の中でロケ地モニュメント・ヴァレーの、キャストたちの宿泊所となった交易所の所有者グールディング家の妻マイクの、ヘンリー・フォンダに対するコメントを紹介している。

ヘンリー・フォンダは、控えめで本当の紳士でした。私はジョン・ウエインに対するようにはフォンダとは近しくなれませんでしたが、彼は実に礼儀正しく能《あた》うる限り親切だったと思います。

フォンダがモニュメント・ヴァレーにいる間中、食事をしているときですら、ワイアット・アープその人のようでした。

撮影の仕事を終えてモニュメント・ヴァレーを去る日に、フォンダは私たちを訪問し、娘のジェーンや家庭生活のことを話してくれました。私は、彼が「ここにいる間、私は誰かほかの人でした。今お話ししたのが自分です」と私たちに伝えたかったのではないかと今でも思っています。

〈筆者訳〉

フォードは、ワイアット役のヘンリー・フォンダに、冷静で威厳のある人物像を求めていたから、撮影の現場では、フォンダはそういうワイアットを心がけていたのだろう。しかし、それは強いられたものではなかった。フォンダはモニュメント・ヴァレーで仕事をするのを楽しんでいた。そして彼は、『荒野の決闘』をことのほか幸せな映画として記憶していた。また彼は、この映画をフォードの最高傑作と考えていた。フォードはヘンリー・フォンダとともに仕事をするのを、ペースが合致するという理由から好んだそうだが、『荒野の決闘』はそういう監督と主演俳優が共有していた希有なる「良い関係」の幸福感の気配すら感じられる映画である（1955年、フォードが監督しフォンダが主演した『ミスタア・ロバーツ』では、二人は意見が対立し、フォードはフォンダを殴り倒してしまった。青痣が出来るほどだったという。製作者の怒りを買ったフォードは干され、アル中になり、結局監督を下ろされてしまう。『荒野の決闘』の、僅か9年後のことであった）。

❖チワワのしていたネックレス

クレメンタインとワイアットの間に芽生えた仄かな慕情の物語は、しかし、不協和音で終わりを告げる。

約束を破ってトゥームストーンに残ったクレメンタインを見咎めたドクは「君が東部に帰らないなら、私が出ていく」と言い残して、憤然と町を出る。トゥーソン行きの駅馬車の金塊輸送の護衛となって出立してしまうのである。実は、チワワはその朝ドクの部屋で彼からメキシコで結婚しようと言われて、大喜びで彼をポーチのところで待っていたのだった。ところが逆上したドクは、チワワとの約束など無視して一人で飛び出してしまったのだ。チワワは憤懣やるかたなくクレメンタインの部屋に押しかけ腹いせに彼女を腕ずくでも町から追い出そうとする。ちょうどその時、ワイアットがクレメンタインの部屋を訪ねてきたのだった。半狂乱のチワワをクレメンタインから引き離したワイアットは、毒づくチワワの首に見覚えのあるネックレスがかかっているのに気付く。それこそ、殺されたワイアットの末弟ジェームズが郷里の恋人スーのために買った十字架の形をした首飾りだった。

こうして物語は、一気に動き出す。

チワワは、「これをどこで手に入れた?」と問いただすワイアットに対して、「ドクがくれたわ」と答える。なおも「嘘じゃないだろうな?」と聞く彼に「なぜあたいが嘘をつかなければならないんだ。彼はなんでもくれるんだ」と言い張るチワワ。

ワイアットは、用意してもらった栗毛の雌馬にまたがるとドクの後を追う。

ここから、最終章にあたるOK牧場の決闘へと至る顛末がテンポよく絶妙の語り口で語られることになるのだが、その前に次章でドク・ホリデイについて触れることにしよう。ドクも、土壇場でOK牧場の決闘にワイアット側に立って加わるのだから、その経緯について予め見ておかねばならない。

＊　＊　＊

❖フィクションのクレメンタイン

クレメンタイン・カーターは全くのフィクションの女性である。

史実のワイアットには、内縁の妻のマティ・ブレイロックという女性がいた。夫婦関係はよくなかったらしい。トゥームストーンでワイアットはやがて宿敵となるジョン・ビーハンの情婦のジョセフィーン・マーカスというユダヤ系の美貌の女性と出会い、惹かれあう。彼女は1850年代初頭にドイツから移民としてやってきたユダヤ人夫妻の娘だった。最初に住んだのはニューヨークで、彼女が17歳の時一家はサンフランシスコに移住した。裕福な家庭だった。活発で驚くほど美人の彼女は歌劇団に入り、そのメンバーとなって1879年には家を飛び出してしまう。西部の町から町を旅するうちにアリゾナ州プレスコットでハンサムなジョン・ビーハンと知り合い彼の愛人となった。誰とでも握手をし、愛想を振りまく野心家の政治家ビーハンは、実は乱脈な女性関係の持ち主で、それが一因ともなってプレスコットからトゥームストーンに移ることになる。そのビーハンのあとを追って、ジョセフィーンも1880年に、トゥームストーンにやってきたのだった。

ワイアットとジョセフィーンがしのび合う関係をトゥームストーンで結んでいたかどうかは議論のあるところだが、私は、人の目の厳しかった時代――特に公衆の中で男性の分別が重んじられたヴィクトリア朝風の時代では、ワイアットは慎重だった思う。トゥームストーンは狭い世間で、ワイアットは有名人であったのだから。

結局、ワイアットはマティを捨てる。ジョセフィーンはビーハンのもとを去り、サンフランシスコに戻る。

1881年10月に起こったOK牧場の決闘の後、犯罪集団「カウボーイズ」との血の抗争で弟を失い兄を不具にされ、復讐の追撃隊を率いるワイアットは、犯人たちと「カウボーイズ」の頭目を倒すが、これが私闘とみなされ、郡保安官ビーハンに追われる身になる。ビーハンの心の中には、ワイアットにジョセフィーンを奪われたという恨みとどす黒い嫉妬の私的な感情が渦巻いてもいたろう。他州のコロラドに逃れて追及を断ったワイアットがようやくサンフランシスコを訪れジョセフィーンに再会したのは1882年末のことだった。翌年初め、二人は旅に出る。そしてその後46年間、二人は彼の死が分かつまで苦楽を共にしたのだった。

『荒野の決闘』は1939年に作られた*Frontier Marshal*のリメイクだということは前述したが、その映画の中に、東部から来たサラという美しい女性が登場する。もちろんサラは架空の人物である。ついでに、もう一人ジェリーという酒場の歌姫も出てくる。これがチワワの原型である。

ジョン・フォードは、このサラにジョセフィーンを重ねて、クレメンタインという忘れがたい人物を生み出したのかもしれない。『荒野の決闘』の「脚本」のクレジット（ウインストン・ミラー）の下には、原作者として*Frontier Marshal*の脚本を書いたサム・ヘルマンの名前が掲げられている。一応フォードはサム・ヘルマンに敬意を表する一方で、タイトルは *Frontier Marshal* にせずに彼のお気に入りの *My Darling Clementine* とした。

ここに、フォードの強い自負と何を描きたかったかが示されているように思われる。

❖キャシー・ダウンズと彼女の人生

当初、クレメンタインの役には、当時人気の高かったジーン・クレイン（『三人の妻への手紙』〈ジョゼフ・マンキウイッツ、1949年〉などに出演）が予定されていたが、製作者のザナックはクレメンタインの役に大物女優を用いる考えはなく、彼女は外された。彼はクレメンタインの役柄はそれほど大きなものとは捉えていなかったのであった。これに対してフォードは、「誰がクレメンタインを演じるかには関心はない、彼女が女優然としてさえいなければ誰でもいい」とザナックに伝えた。

こうして、無名の新人キャシー・ダウンズ（1924〜1976年）がクレメンタイン・カーターを演じることになった。彼女は『ヴォーグ』という雑誌でモデルをしていたところを20世紀フォックスのスカウトに見出されて映画界に入ったと言われている。彼女が初めて映画に登場したのは1945年の二本の映画 *State Fair* と *Dolly Sisters* の中の小さな役であったそうだ。

その彼女が翌年、『荒野の決闘』でタイトルロールを演じたのであった。

この映画で認められて彼女は、*For You I die*（１９４７年）やアボット・コステロのコメディー*The Noose Hangs High*（１９４８年）、そして幾つかの西部劇に出演する機会を得た。50年代からはサイエンス・フィクションを含む低予算の西部劇などに出演したが、１９５８年の*Missile to the Moon*への出演を最後に彼女は銀幕から姿を消してしまった。彼女は大輪の花とはならなかったのである。

60年代、彼女は断続的にテレビドラマに登場した。最後のテレビ出演は、１９６５年のペリー・メーソン・シリーズの*The Case of the Hasty Honeymooner*であった。

キャシー・ダウンズは、亡くなる前の11年間は全く仕事がなかったそうだ。彼女は二度結婚したがいずれもうまくいかなかった。彼女がひどく困窮していることを知った最初の夫ジョー・カークウッド・ジュニアが彼女を財政支援するための信託基金を設立しようとした時には、彼女はすでに癌で死亡していた。享年52歳だった。

彼女は、サンタ・モニカのウッドローン墓地に眠っている。

ニューヨーク・タイムズの人物紹介によれば、「彼女は可憐で快活な、堅実なものの見方をするタイプの役柄を演じる主演女優」とある。

＊　＊　＊

ネット上では今日でもキャシー・ダウンズに好印象を抱いている『荒野の決闘』ファンは少なくない。楚々とした風情、清潔感にあふれ、慎ましやかな淑女の気品とプライド――『荒野の決闘』のクレメンタインのこうした特徴は、むしろ日本的な女性の美徳に近いものがあるのかもしれない。

俳優の中には、圧倒的存在感をもってスクリーンを生き抜いた太陽のように光り輝く大スターもいる。イングリット・バーグマン、グレース・ケリーそしてソフィア・ローレン然りだ。

その一方で、彗星のようにひと時の光芒を放って消えていった人たちもいる。『シェーン』（ジョージ・スティーヴンス、1953年）のアラン・ラッド、『太陽がいっぱい』（ルネ・クレマン、1960年）のマリー・ラフォレ、『エクソシスト』（ウイリアム・フリードキン、1973年）のリンダ・ブレア等々。

キャシー・ダウンズもその中に加えていいのではなかろうか。

『荒野の決闘』という不朽の名作の中で、彼女は確かに一筋の光芒の軌跡を描いたのだ。その僥倖にめぐりあえただけでも、もって瞑すべきことなのだろう。『荒野の決闘』がある限り、彼女は不滅なのだから。

第3章

ドク・ホリデイと二人の女

郷愁の第四主題――東部への望郷の思い

❖東部エリートの出自を持つドク

西部男は、多くの場合、漂泊の旅を続けるアウトサイダーである。その出自は、たとえばシェーンのように神話的靄に包まれた謎の人物であるかと思うと、ブッチとサンダンスのように家畜泥棒や銀行強盗に明け暮れる犯罪者であったりする。あるいはまた、この映画のワイアット・アープのようにカウボーイであったりする。西部男たちにはそのようにそれぞれの顔と表情があるが、その存在には、様々な過去を持った流れ者の行き交う辺境の大西部の独特の匂いのようなものがある。

ドク・ホリデイも、トゥームストーンでは、賭博の総元締めみたいなことをやっているが、もともとは流れ者だ。しかしその出自はというと、東部ボストンの上流階級の出である。外科医の免状も持つれっきとした医者だ。クレメンタインは、見つけ出したドクに対して「郷里のボストンにはあなたを思う友人の社会があるのよ」と東部に帰るように懇願する。彼の郷里はＷＡＳＰ（White Anglo-Saxon Protestant：米国社会の中核を成すアングロサクソン系でプロテスタントの白人のこと）のエリートが形成するエスタブリシュメントの世界なのであろう。

ドクは、その出自の点で、ほかの西部男とは大きく異なる。

ドク・ホリデイの物語は、そういう東部のエリート社会出身で今は名うての殺し屋のギャンブラーに成り果てた男が、なぜトゥームストーンの保安官になったワイアットと知り合い、そしてＯＫ牧場の決闘に彼とともに参加していったのかを、彼自身の断ちがたい過去との葛藤と彼を取り巻くクレメンタイン（東部の淑女）とチワワ（酒場の歌姫）という、全く性格と境遇の異なる二人の女性との愛の葛藤を通じて描いたメロドラマである。その二つの葛藤の糸がどのようにワイアットに絡みつき、最後のＯＫ牧場へと導いていくのか。いずれにしても、彼の行動は自分の出自に対するアンビバレントな心の葛藤から生じており、本章の通奏低音として流れている主題のさらにもう一つの相である「断絶された楽園」（東部ボストンの世界）に対する望郷の念なのである。

ここでは、友情ともつかずライバル関係ともつかず、奇妙な縁で知己となったドクとワイアットの印象的な出会いと、ドクの内面の苦悶、もたれ合うデカダン（ドク）とあばずれ（チワワ）の二人の関係が純化され、最後には愛に転化する顛末を中心に見ていこう。

ワイアットとドクの出会いは、『荒野の決闘』における見せ場の一つとなっている。ワイアットがドクと初めて顔を合わせるのは、彼が保安官に任命された翌日、トゥームストーンに足を入れて二日目のことである。

❖ドクとワイアットの出会い

その夜。

ワイアットは、オリエンタル・サルーンのトランプ用テーブルでポーカーをしている。サルーンの中は、長いカウンターに凭れて酒を飲む大勢の人々やテーブル席でポーカーを楽しむ人たちでにぎわっており、小さなステージもあってバイオリンやピアノ、ギターや木琴のようなものを演奏している楽団員がいる。天井からはカウンターに沿って明るくともるランプが幾つも吊るされていて、部屋の中に棚引く紫煙をぼうっと浮かび上がらせている。談笑する人々のくつろいだ声、陽気な音楽――サルーンの情緒と情感が見事に浮かび上がる。

彼の隣では、シルクハットをかぶり燕尾服を着た紳士然とした賭博師がポーカーの手を考えている。このギャンブラーはペテン師で、ワイアットの近くに来てわざと彼を挑発する歌姫のチワワとつるんでいる。彼女は、ワイアットの手持ちのカードを指先のサインで賭博師にそっと教えたりするのである。

チワワは無法者のドクの情婦だし、よそ者のワイアットが法と秩序の番人になったことに反発を覚えている。そこでワイアットを挑発するわけであるが、彼が全くこれを無視するので、よけいに意地が悪くなる。
彼女はワイアットを嘲笑ってやれとばかりに *Ten Thousand Cattle*（一万頭の牛）を歌いだす。

一万頭の牛が消えてしまった
俺の牧草地からどこへやら
あん畜生めらのせいで俺は無一文
今は賭博に身をやつす様さ
ああ、一万頭の牛はどこへやら　〈筆者訳〉

明らかにワイアットへの当てこすりだ。彼の心を大いに逆なでする歌である。ワイアットにとっての痛恨事は、末弟一人を野営地に残して兄弟３人でトゥームストーンへしばしの憩いを求めて出かけたことだった。そのために愛するジェームズと牛を失ってしまったのだ。日中、彼がジェームズの墓を訪ねたシーンで、*Ten Thousand Cattle* が画面のバックにしんみりと流れたのは、ワイアットの自責と自戒の念を表すものだった。その曲がここではからかいの歌になってしまったのだ。無表情を装ってはいるが、彼は内心相当に傷ついている。

だからワイアットは、チワワのいかさま賭博への加担を見抜くと、かなり手荒に彼女の腕をつかんで通用口（横にある出入り口）から外に連れ出し、諫める彼に勝気にも平手打ちを食らわせる彼女を水桶の中に押し倒してしまうのだ。

テーブルに戻ったワイアットは賭博師をとがめることもなくポーカーを再開するが、彼は自分の手の内が読まれていることを知っているので、その勝負から降りる。テーブルの上のチップをかき集め始める賭博師。ところがこの先生、その途中で動きを止める。ワイアットは賭博師の目がサルーンの入り口のほうにくぎ付けになっているのに気付き、そちらを見る。

❖黒ずくめのドクの登場

帽子からジャケットやシャツまで黒ずくめの、太い黒い眉に暗い情熱のみなぎる大きな瞳——彫りの深い顔立ちの大柄の男が店に入ってきたのだ。肩にはサドルバッグを提げている。黒い大きな影が音もなく動くようにその男はバーカウンターのところに来る。

誰かが「ドクだ」とつぶやくように声を上げる。

ドク・ホリデイの印象的な登場である。

およそドク・ホリデイらしからぬ風貌のヴィクター・マチュアが演じている。ザナックは当初ダグラス・フェアバンクス・ジュニアを考えていたが、その役はマーク・スティーヴンスに変わり、最終的にはヴィクター・マチュアに落ち着いた。ダイエットすることと酒を飲まないことに同意したからだと言われている。そのせいかどうか、彼が堅実な演技を見せてくれたので、フォードがびっくりするほどだったそうだ。筋骨たくましい美丈夫のマチュアがとても労咳持ちとは思えないが、意表を突いたキャスティングであることは確かだ。

彼はぎょろりと賭博師をにらみつけている。威圧的なその眼には侮蔑と憎悪がある。

ドクはカウンターからつかつかと賭博師のいるテーブルに近づいてきて、いきなり右手を振るって賭博師のシルクハットを殴り飛ばす。

「町を出ろ、二度と立ち入るなと言ったろう」

ドクの癇症が迸るような有無を言わさぬ甲高い早口の声。少ししわがれて聞こえるのは、酒のせいか肺結核のせいか。バンドの演奏はぴたりと止まる。

恐れをなして立ち上がる賭博師。「あんたに損はさせないつもりだ、ドク」と弁明する賭博師に「出ていけ」と冷ややかに命じるドク。テーブルのワイアットは憮然たる表情で事の成り行きを見ている。これではまるでこれ見よがしにこの町の法と秩序の決定者は俺だ、とドクがワイアットに誇示しているようなものである。

ご丁寧にも、ドクは表のドアから出ていこうとする賭博師の腕に手をかけると「あのドアは紳士淑女用だ」と言って、それを使わせず件《くだん》の通用口から追い出してしまう。そして、こともなげにテーブルの人たちに「どうぞゲームをお続けなさい」と言い残してバーの奥の端のほうに歩み去っていく。煙の靄がかかってドクの姿は遠くおぼろに見える。彼が歩いていくと周りの人は、さっと身を引きドクを遠巻きにする。

和やかで陽気な雰囲気はドクの手荒な振る舞いによって、気まずく陰気で萎縮したものに一変し、ポーカー・ゲームの客は一人、二人と席を立っていく。まさに「どっちらけ」だ。

かくてワイアットの出番となる。

「この町では静かにポーカーも出来ないのか」

そう言ってワイアットは立ち上がり帽子を脱ぐと、自分の持ち分のチップをかき寄せてその中に落としこみ、その帽子をもう一度被る。そして、ゆっくりとした足取りでカウンターに沿って歩いていく。カウボーイハットのこの使われ方が面白いし、ワイアットがほとんど腕を振らずに大股で歩く歩き方も独特だ。これは、ジョン・フォードが愛したヘンリー・フォンダの歩行の特徴である。

❖“Howdy”と“Good evening”

カメラは、カウンターの端からドクを手前に配して、ずーっと向こうにトランプ・ゲームのテーブルと人々を映し出す。ドクは凝然としてまっすぐ前の壁を見つめている。そこにワイアットが近づいてくる。明らかに、ドクは自分の行為を十分に意識しており、ワイアットがこ

ちらに来ることを見越して身構えて待っている様子だ。ワイアットはそのドクの後ろを通り過ぎると、バーの端の先に来てくるりと向きを変え、我々に後ろ姿を見せながらカウンターの角を挟んでドクと対することになる。店のすべての人々は向き合う二人に視線を注ぐ。固唾をのんで。

口を切ったのはワイアットだ。

「やあ（Howdy）」

これに対して、

「こんばんは（Good evening）」

とドクが応じる。

Howdy は How do you do? の省略形で、テキサスあたりのカウボーイが使い始めたとも言われている、気さくな挨拶の言葉である。一方ドクが使った Good evening は、教養ある人、マナーのいい人ほど用いる言葉である。東部のジェントルマンのフォーマルな挨拶だ。取り澄ました感じもする。

賭博師を恫喝して追い出すやり方が果たしていいマナーかどうかはさておくとして、ドクのこの挨拶には、彼の強烈な自我意識と彼流の不羈な生き様が垣間見えるようだ。

ワイアットが名乗ろうとするのを遮って、「ワイアット・アープだろう。私はあんたのことはすべて知っている。なぜここにいるかもな」と機先を制する。これに対してワイアットも「私もあんたのことは実によく聞いている。デッドウッドやデンバーはじめ至るところで勇名を馳せているな。あんたの跡をたどると、墓場から墓場へと続いている」と応じる。「あんたも名乗る必要はないさ」というわけだ。

ドクは、「ここにも西部一の大きな墓場があるさ」と補うと、「歴代の保安官は私と仲よくやってきた、お互いにすぐに理解し合ってな」と、ワイアットに水を向ける。「持ちつ持たれつの関係で行こうじゃないか」という誘いだ。「あんたの言わんとすることはわかったよ」と応えるワイアット。

「よし。一杯やるか」

「頂こう」

「マック、保安官にシャンパンだ」

ところが、ワイアットは自分の好みの酒のウイスキーを所望する。ドクはドクで一徹だ。「あんたは私の客だ、保安官」と言ってバーテンがカウンターの上を滑らせてきたウイスキー・グラスを手で止めるとマックの方に送り返す。ワイアットは逆らわない。「シャンパンでいいよ、マック」と受け入れる。

❖俺たちは相容れない仲だな、保安官、抜け

するとすかさず、バンドのマスターが指でぱちんと合図をして楽団員に演奏を促す。あわてて舞台に戻った彼らが演奏を始めるのは、スティーブン・フォスターの名曲『草競馬』だ。この辺の描写がウイットに富んでいて実に面白いし、フォードの映画的呼吸の緩急のリズムの取り方のうまさに感心する。

シャンパン・グラスを軽く合わせて飲むワイアットとドク。

だが、これで二人の間が円満になったわけではない。

「長く滞在するつもりなのか？」

「当分の間だ」

「弟殺しの牛泥棒を逮捕するまでということか」

「まあ、そういうことになるかな」

「何かほかの目的でも？」

「というと？」

「まさか俺たちを悪行から足を洗わせようと考えているのじゃないだろうな？」

「そんなことは思いもしなかったが、悪い考えじゃないな。それも給料のうちだ」

「では聞くが、たとえば俺が法を犯そうとしたらあんたはどうする？」

「もうすでに犯している」

「何をだ」

「賭博師を追い出したろう。あんたにはそんな権限はない」

ドクはシャンパンをぐいとあおると、屹度ワイアットをにらむ。

「俺たちは相容れない仲だな、保安官、抜け」

そう言い放つやドクは拳銃を抜いて銃口をワイアットに向ける。

ワイアットは余裕綽々だ。顔には笑みを浮かべている。

ベストの端をめくって見せるが、その下はシャツを着ているだけで、ガンベルトも拳銃も帯びていない。

「抜けないんだ」

とワイアット。

丸腰なのである。

「銃なら貸してやる、お安い御用だ」

そう言ってバーテンのほうを振り向き、声をかける。

バーテンは拳銃を出そうとするが、それより早く、カウンターのなかほどに立っていたモーそれを手に取る。

ガンが自分の拳銃をワイアットめがけてすばやくカウンター上に滑らせていた。ワイアットは
「（その銃を確かめながら）弟のモーガンの銃だ」

そして拳銃をモーガンに送り返す。モーガンの後ろにはヴァージルが見える。二人がワイアットをカバーしていたわけだ。

そのワイアットを一瞬呆然と見つめるドク。そしてモーガンのほうを振り返る。モーガンは銃を手に取り、しばし握りしめてから自分のホルスターに戻す。

ドクは、ワイアットが一枚も二枚も上手であることを悟る。周到である上に好戦的ではない。

彼は拳銃を収めるとワイアットのほうに近づく。

「大きいのがモーガン、いい男のほうがヴァージルだ」

ワイアットは、二人をドクに紹介すると、今度は二人にドクを紹介する。

「ドク・ホリデイだ」

モーガンとヴァージルは「Howdy」とドクに挨拶する。面白いことに、ドクも「Howdy」と応じるのである。警戒や対抗心の垣根が取り払われて、「仲間」としてドクはアープ兄弟を受け入れたということだろう。

「飲もうじゃないか」と呼びかける。バンド演奏が威勢よくまた始まり、一歩下がって様子を見ていた店の客たちはカウンターに歓声を上げて戻ってくる。バーテンのマックも安堵と喜色

の表情を浮かべウイスキーのボトルとグラスを持ってワイアットたちのところにいそいそとやってくるのだった……。

❖シェークスピア役者ソーンダイクの登場

このあと、シェークスピア役者のグランビル・ソーンダイクがこの店に入ってくる。彼はここトゥームストーンで一夜の興行を行うために今しがた到着したのだった。ドクはソーンダイクを見やりながら、思いにふけるように「トゥームストーンにシェークスピアか」とつぶやく。シェークスピアと聞くとかつてそのドラマを見たボストンのことを思い出すのか、辺境にもシェークスピア役者が来るのかと驚いているのか。

ドクはワイアットに、バードケージ（鳥籠）という劇場で上演されるソーンダイク&一座の芝居を見に行こうと誘う。出し物は『囚人の誓い』で、「血も凍るお話」とポスターにあるから、かなりおどろおどろした俗受けするドラマなのだろう。一座の根拠地はニューヨークと表示されている。まさに文化・文明は東部から来るのである。ソーンダイクは、昔はシェークスピアのドラマに出演していたのかもしれないが、今は飲んだくれのどさ回りの役者に落ちぶれている（もちろん、シェークスピアの戯曲の中には『囚人の誓い』などという作品はない）。

ところが劇場に行くと肝心のソーンダイクがいない。そのため主催者は「上演を中止します」と言わざるを得なくなる。激昂する観客を、ワイアットは「彼を探し出してくるから、少し待ってくれ」となだめてドクと一緒に町中に出て、メキシカン・サルーンの入り口に来る。すると、クラントン一家に足止めされ、何かやれと銃で脅されてやむなく戯曲『ハムレット』の中のあの有名な「To be or not to be」のセリフを腹いせ交じりにサルーンのテーブルの上に立って朗誦しているソーンダイクが見えたのだった。

❖ "To be or not to be"

ワイアットが中に入ろうとすると、ドクがそれをとどめて「このまま聞こう」と言う。そして途中から中に入る。クラントンの長男が、わけのわからない役者の語りに苛立って「止めてしまえ」と茶々を入れるが、ドクは丁重に「先を続けなさい」と役者を促す。

以下は、河合祥一郎の訳文（『新訳　ハムレット』角川文庫）である。河合は、従来「生か死か」と訳されることが最も多かった"To be or not to be"というフレーズに対して初めて「生きるべきか、死ぬべきか」という表現を与えた。「生か死か」という言葉よりも河合訳のほうがより口語的で分かりやすいので、これに依ることにした（なお、上掲の『ハムレット』のあとがきによれば、"To be or not to be"の日本語訳は40通り以上もあるそうだ。これほど人口に膾炙したセリフが、いかに多義的な解釈を生むのか、『ハムレット』の独白はそれだけ謎に満ちているのかもしれない)。

生きるべきか、死ぬべきか、それが問題だ。
どちらが気高い心にふさわしいのか。非道な運命の矢弾を
じっと耐え忍ぶか、それとも
怒濤の苦難に斬りかかり、
戦って相果てるか。死ぬことは――眠ること、
それだけだ。眠りによって、心の痛みも、
肉体が抱える数限りない苦しみも
終わりを告げる。それこそ願ってもない
最上の結末だ。死ぬ、眠る。
眠る、恐らくは夢を見る――そう、そこでひっかかる。
一体、死という眠りの中でどんな夢を見るのか?
ようやく人生のしがらみを振り切ったというのに?
だから、ためらう――そして苦しい人生を
おめおめと生き延びてしまうのだ。さもなければ、
誰が我慢するものか、世間の非難中傷、

権力者の不正、高慢な輩の無礼、
失恋の痛手、長引く裁判、
役人の横柄、優れた人物が耐え忍ぶ
くだらぬ奴らの言いたい放題、
そんなものに耐えずとも、短剣の一突きで
人生にけりをつけられるというのに？

そこまで詠誦してきた役者は、言葉を詰まらせる。「長いこと口にすることのなかったセリフなので、思い出せません。どうぞ続きをあなたがやってください」と彼はドクにバトンタッチするのだ。引き取ってドクは続ける。

誰が不満を抱え、汗水垂らして、
つらい人生という重荷に耐えるものか、
死後の世界の恐怖さえなければ。
行けば帰らぬ黄泉の国――それを恐れて、
意志はゆらぎ、想像もつかぬ苦しみに身を任せるよりは、
今の苦しみに耐えるほうがましだと思ってしまう。

こうして、物思う心は、我々をみな臆病にしてしまう。

❖ハムレットの独白――ドクの心象風景

ゆっくりとしたピアノの伴奏に伴われて語られる独白。言葉の持つ古典的な品格と重厚さ。演じるアラン・モーブレー（グランビル・ソーンダイク）の太めのいかにもどさ回りの役者らしいそれなりの貫録とわびしさ、ドクのわが身を語るような声と表情、それらが茫漠とした時空と人間の煩いの永劫性を私たちの心の中に浮かび上がらせるのである。嘆きと倦怠とペシミズムと躊躇《ためら》い――果てることのない優柔不断な自分自身に対する苦悩の詠嘆と社会への悲憤慷慨。変わらぬ人間の真実だ。ドクにおいては、この『ハムレット』の一節は、彼の心情――断ちがたい過去、自暴自棄、死の願望（death wish）――を表白するものであったろう。その意味では、ハムレットの独白は、ドクの心象風景を象徴するものと言うことが出来る。

大学生の当時、最初にこの映画を見た私が最も強く感応したのはこの場面だった。……胸に響く独白だったと思う。ドクの状況とこの厭世的なセリフが重なり合って私がセンチメンタルになってしまったのか、それとも、私自身の鬱屈した心理の共鳴板を震わせながらそれは同時に私の荒廃した精神を慰撫してくれる天啓の箴言のような響きと魔力を持っていたのか。私は早速原書を購入して、このセリフを、辞書を片手に翻訳しようとしたことを懐かしく思い出す。今でもセリフの一部は頭の中に残っている。

言葉を思い出せないシェークスピア役者の後を引き取ってドクがセリフを誦ずるのを、少し驚きと感嘆の表情を浮かべて見つめるワイアット。彼はドクに備わった古典的教養に文明を感じ、そしてまたドクの心の痛みのようなものも感じ取ったのかもしれない。

ドクは独白の最後のところで、咳き込み始めポケットから取り出したかなり大きめの白いハンカチを口に当てると、たまらずに外に出て行ってしまう。

デカダンと言えば青白い細身のインテリというのが通り相場だが、いかにもがっしりとして、まるで古代の美丈夫を思わせる顔立ちのドクに巣食う病魔とこの白いハンカチがやがて彼に死をもたらすしるしとなっていく。

翌日、クレメンタイン・カーターがトゥームストーンに到着する。

彼女とドクの再会、彼女が町を去らないことを知ったドクの怒りと出奔、そして彼を追うワイアット……これらは前章で見たとおりである。

一つだけ、ドクの悲劇的性格を描出した場面について言及しておきたい。

クレメンタインを部屋まで送ったドクは自室に戻ると、ベッドの端に腰を下ろす。部屋の中は真っ暗だが、カーテンが引かれていない窓から射し込む町の明かりが、ドクのシルエットを浮かび上がらせる。階下からはドア越しに陽気な、しかし同時に少し物悲しくもある音楽の演奏がかすかに聞こえている。ドクは壁に掛けてある医師の免許状の入った額のガラスに映った己の顔を苦々しく見つめる。ウイスキーの瓶を取り、ウイスキー・グラスに注いで一気に飲み干す。そして自嘲をこめて「医者のジョン・ホリデイか！」と叫ぶとそのグラスを額に叩き付けるのである。

❖チワワへの八つ当たり

この後、彼は下のレストランで食事をしているワイアットに八つ当たりし、バーのカウンターではバーテンのマックがとめるのも聞かずにやけ酒をあおる。カウンターの袖にいたチワワが見かねて、ドクのご機嫌を取ろうとバンドに *The First Kiss Is Always Sweetest, From Under a Broad Sombrero* を演奏させ、それに合わせてあでやかに歌いながらドクに近づきキスをするのだが、ドクは能面のような冷ややかな表情で「あっちへ行け。馬鹿な歌は向こうで歌ってろ。邪魔立てするな」と素気無くする。まことにわがままいっぱいのインテリやくざには手が付けられない。

これにはさすがにチワワも腹を立てて、グラスをドクに向けて放り投げてサルーンを出ていく。チワワは冷たいドクの仕打ちに気持ちが凹み、出来心も手伝ってビリー・クラントンと寝

てしまう。このことが、OK牧場の決闘の引き金を引くきっかけになっていくのである……。

ワイアットがドクを追いかけるシーンは丁寧に描かれている。彼はドクを捕らえて連れ戻すためのもう一頭の馬を引いて後を追う。途中、ウェルズ・ファーゴ・コラルで馬を代える場面も挿入されている（ウェルズ・ファーゴというのは1852年に作られた金融と運送の会社で、当時輸送のために駅馬車を使っていた。その駅馬車のためにスポットごとに設置されていた馬囲い兼駅舎がコラルである。この会社が、今日のウェルズ・ファーゴ銀行で、資産規模で米国のビッグ・フォー〈4大銀行〉の一角を占めている）。

ワイアットは、切り立った岩山の急崖の麓を登ったり下りたりして、平坦な道を疾走するドクの乗った駅馬車の先回りをする。そして、馬車が、岩だらけの左右の斜面の間の細い峠道を下ったところで、岩陰に立つ馬上のワイアットに停止を命じられる。

ジャケットを脱ぎ棄て馬車から飛び降りて憤然と保安官に向かうドク。首にはおしゃれな白いスカーフを結んでいる。ワイアットは一緒に町に戻ろうと呼びかけるが、ドクにはその気はない。にらみ合う二人。間合いを計って二人はさらに二～三歩進む。「銃を抜け、保安官」と言うドクに「そっちからだ」と応えるワイアット。あろうことか、二人は銃火を交え、ドクは拳銃を撃ち落とされてしまう。数あるワイアット・アープ物語の映画の中で、ドクとワイアットが互いに撃ち合うというのは、この『荒野の決闘』だけである。

❖重傷を負うチワワ

チワワの部屋のドアを激しくたたくドク。最初にたたいたワイアットには毒づいて彼を無視したチワワだが、ドクが来たと知ると科を作って甘えるような声で応じる。しかし、すぐにドアを開けるわけにはいかない。彼女の部屋には、ビリー・クラントン（ジョン・アイランド）がいるのである。自分の女に手を出したとドクが知ったら、ビリーはただでは済まなくなる。そう思ってビリーは拳銃を抜くが、チワワはそれを制して彼を急いでガラス戸から外に出す。

部屋に入ってきたドクは、例の首飾りの送り主は誰かと問い詰める。はじめはのらりくらりとかわしていたチワワは、それが殺されたワイアットの末弟ジェームズのものであることを聞かされ、愕然とする。涙を浮かべたチワワはスカートの端で目をぬぐいながらやけ気味に白状する。この辺りのリンダ・ダーネルの蓮っ葉な酒場女のしぐさと表情は出色の出来栄えだ。

「あんたに冷たくされた晩があったでしょう。あたいはここに上がってきて泣いていたの。そしたら誰かがドアをノックして……あたいはてっきりあんただと思って、ドアを開けたら、ビリー・クラントンだった」

そう言い終わるか終わらぬうちに銃声がなり、チワワは倒れる。外のベランダからビリー・クラントンが撃ったのだった。

ベランダから飛び降り、馬に飛び乗って逃げるビリーに、ワイアットは銃弾を二発浴びせる。がくんと体をのめらせるビリー。そこに馬に乗ったヴァージルが来合わせる。

ワイアットが叫ぶ。

「ビリー・クラントンだ。追跡して捕まえろ」

夜の闇の中をヴァージルが追走する。砂を蹴散らして草原を疾走するビリーとヴァージルの馬。やがて、ビリーはクラントン一家の家にたどり着くが深手を負っていて入り口のドアの前で絶命する。踵を接するように到着したヴァージルは、家の中に入り奥の部屋に仰向けに寝かされているビリーを発見する。その横で息子の死を悼む父親のオールド・マン・クラントンが椅子に座っている。ビリーを逮捕するためにここに来たヴァージルは、一瞬ひるみ「お気の毒に」と言って部屋を出ようとする。その背後から、オールド・マン・クラントンはライフルでヴァージルを撃ち殺す。そして、息子たちに目配せする。これからトゥームストーンに押しかけ、アープ兄弟に宣戦布告をしようとするのである。

一方、チワワは瀕死の状態だ。ドクは、「ウィチタにいる軍医を呼んですぐに手術を」と市長に訴えるが、「そのためには5〜6時間はかかる。とても無理だ」と答える市長。

ワイアットは、しり込みするドクを急き立てて彼に手術をさせるようにことを運んでいく。看護婦のクレメンタインにはドクの医師用のバッグを持ってきてもらい、マックには、サルーンをきちんと整頓してカード・ゲーム用のテーブルを寄せ集めて寝台を作り、ライトを周りに集めるように指示する。

❖執刀をするドク――チワワとの和解

こうしてドクが手術をすることになる。クレメンタインが石鹸でドクの手を洗い、ワイアットがアルコールで消毒する。久しくメスを握ったこともなく、しかも結婚を誓った女の手術を引き受けざるを得なかった青天の霹靂と重い責任が彼の肩にのしかかって、ドクの顔からは当惑と不安がぬぐえない。しかし、ドクは覚悟を決める。

ここから、チワワとドクのクローズアップが交互に現れる。そして二人の会話が交わされるのだが、ここは『荒野の決闘』の中でも最も情感のこもる美しいシーンだ。

チワワは痛みをこらえながらドクを見上げる。

「ごめんね、ドク。（そっとウインクする）まだ怒ってる？」

優しくチワワを見るドク。

「いや、いいんだ、お前。いいか、麻薬がないから相当痛むぞ。痛かったら泣きわめくがいい。（優しく）覚悟はいいか」

二人の様子を間近にじっと見つめるクレメンタインの無言の表情が挿入される。

チワワは少し躊躇するが、健気にもうなずく。

二人のねじけてしまった関係は、チワワが負った重傷によって逆に洗い清められ、純化されたように見える。ドクは執刀を決意することで過去のしがらみを断ち、チワワへの心からなる愛を見出したのかもしれない。

チワワにハンカチを噛ませるのはケイト・ネルソンだ。ドクが身を乗り出し手術が始まる。サルーンの端の位置から、手術の場所の周りで見守る人々の姿がロング・ショットで映し出される。バンドの演奏と町の喧騒がやや遠くに聞こえている。チワワは必死に痛みに耐えながら「ああ、ママ」といううめき声を絞り出すように発する。

……しばらくの後。

枕に頭を載せたチワワが瞼を開いてドクを見る。無事手術を終えたのである。ドクはタオルで自分の顔の汗をぬぐう。チワワは痛みをこらえて精一杯ドクに微笑み、ドクはウインクを返す。

「もう大丈夫だ。よく頑張ったな」

クレメンタインは、男たちにチワワの担架をサルーンの外に静かに運び出させる。売春宿のおかみケイト・ネルソンは世話焼きで、自分の家でチワワの看護をしたいと申し出る。ドクもワイアットも異存はない。喜び勇んで出ていくケイト。彼女を演じているジェーン・ダーウェルは、これまたジョン・フォード一家の一人で、名作『怒りの葡萄』（1940年）では、主人公トム・ジョードの優しく気丈な母親――肝っ玉母さんを演じてアカデミー助演女優賞を取った名優だ。

ドクの執刀によりチワワが一命をとりとめたことにほっとしたワイアットの顔から笑みがこぼれる。カウンターをとんとんと叩きバーテンのマックに酒を注文する。そしてドクと自分のグラスにウイスキーを注ぐ。マックも自分のグラスを出して注ぐ。

ワイアットが盃を上げて発声する。

「（意味あり気に）ホリデイ先生に乾杯！」

3人とも破顔一笑。

ドクは鞄を持って出口に向かう。そこにはクレメンタインが、スウィング・ドアを開けたままドクを待っていたのだ。彼女はドクを尊敬と愛情のまなざしで見上げる。

「本当に立派よ、ジョン」

だが、ドクはにこりともせず、

「ありがとう、クレム。あいつが強かったからだ」

と言い残してそそくさと立ち去る。しばし立ち尽くすクレメンタイン。

二人のやり取りを切ない思いで見ていたワイアットは、カウンターに肘をつきバーテンに問いかける。

「マック、恋をした経験はあるかい？」

禿頭の実直そうなマックは「いやあ、何しろ私は野暮でね」と答える。

ウイスキーをぐいと一気に飲み干すとワイアットはサルーンを出ていく。

この人情の機微。これぞ、誰にも真似の出来ないジョン・フォードの世界だ。

＊　＊　＊

❖史実と大きく異なる映画のドク

この章を締めくくるにあたって、本当のドク・ホリデイの生涯について触れておこう。

映画のドクと史実のドクでは極めて大きな違いがある。

まず、ドクは東部の出身ではない。彼は南部の生まれである。ジョージア州の南、フロリダ州との州境のスポールディング郡で生まれ近くのバルドスタという町で育った。特に裕福な上流の家庭ではなかったらしい。父は南軍の少佐を務めた。映画では、ドクは外科医の免状を持っていたが、本当は東部のフィラデルフィアにある歯科大学で学んだことが今日明らかになっている。れっきとした歯科医である。

もっともドクが歯科医では、虫歯の治療ならともかく、とてもチワワの銃創の外科手術など出来なかったろう。彼女の傷を治すためには、ドクは外科医でなければならなかったのである。史実を尊重するよりも、フォードは自在に人物を作り替えたのであった。フォードには有名な逸話がある。歴史を作り話に変えてしまうという非難を受けると、フォードはいつも「あなたは本物の歴史をお望みですか、それとも本物の映画をお望みですか」と答えていたという。彼は史学よりも美学を重んじたのである。

ドク・ホリデイがいつどこで結核にかかったかははっきりしていないようだ。

ドクは、南北戦争後ジョージアを離れて西部に向かった。その理由は、人を殺《あや》めたためとか母の死後すぐに父親が再婚したことに反発してとか、あるいは悲劇的な運命の恋をしたためとか、色々に言われているが明らかではない。もっと現実的に見れば、歯の治療中に咳き込むような歯科医は患者から敬遠されたろうから、生計の資を稼ぐためにそして西部の乾燥した気候は病気にもいいと考えて辺境の地に流れていったのかもしれない。

地道な労働など不向きで気ままに暮らす社会階層に属していたドクにとって最も適した職業は賭博であった。テキサスで彼はエド・ベイリーという男をナイフで刺し殺す。ベイリーの友人たちがドクに報復しようとしたとき、厩舎に火をつけて急場を救ったのが、彼の同伴者のケイト・エルダーであった。

ケイトは売春婦であったともいわれるが、正否は分からない。少なくとも、映画に登場するチワワのような芸人ではない。若い時は非常に魅力的で、たくましく実際的な辺境移住者だったと言われている。ドクの死後は宿泊施設を経営する傍ら、ドクと自分の伝説を売り物にしていたようだ。したたかなしっかり者である。

映画では、手術は成功したもののチワワは回復することなく死んでしまい、ドクはその仇をうつためにワイアットたちに加わってOK牧場の決闘で戦い、オールド・マン・クラントンの息子の一人、フィンを倒すが自分も命を落とす。つまり、チワワもドクもOK牧場の決闘が終わるときにはこの世の人ではなかった。

❖ドクとワイアットの友情

史実では、ドクはワイアットとともにOK牧場の決闘、その後の「カウボーイズ」との抗争にも参加し、生き延びている。１８８７年、コロラド州のグレンウッド・ホテルで息を引き取った。36歳の若さだったが、髪はすでに銀色になっていた。

テキサスでワイアットと知り合って以降、ドクは終生ワイアットの忠実な友となった。それは、ワイアットがいかなる状況でも、たとえすべてを失うとしても本気で勝負するという剛直さと冷静沈着さを持っていたからとも言われている。そこにほれ込んだのだろう。ワイアットもそういうドクを腹心の友として遇した。法の番人の側の人物であるワイアットは、ギャンブラーのドクにとって頼りになる恐らく唯一人の擁護者でもあったのだろう。ケイトはドクがあまりにワイアットに対して信義を重んじるので嫉妬するほどであった。ワイアットもドッジ・シティ時代にドクに命を救われたことがあった。二人は相身互いの関係、肝胆相照らす仲だった。

ドクはこのように信義と友情を重んじるという点で典型的な南部人の紳士の要素を残した男であった。

史実としてのワイアット・アープの物語――それは同時にＯＫ牧場の決闘の物語であるが、この物語の中核を成すのは男と男の固い友情である。ところが、『荒野の決闘』では、男と女の物語――メロドラマにすり替えられている。ドクは実像を離れ、かなり架空の人物とされてしまったので、その分潤色の色合いが濃くなった。東部のエリート、外科医の免許状、過去の光輝ある青春時代の写真の数々、白いハンカチ、そして古典劇『ハムレット』の有名な独白などなど、虚像を飾りたてるためには様々な道具が必要になったのだろう。ドクはこのため極めてセンチメンタルな男になってしまったのである。

極め付きは、ドクとワイアットの撃ち合いである。ワイアットを毛嫌いするデバンカー（debunker：有名人の荒《あら》を暴露したり糾弾をしたりする人のこと＝偶像破壊者）ならいざ知らず、ワイアットを敬愛する人たちにとっては、二人が決闘をするなどというのは、信じがたいこと、許し難いことだろう。映画におけるこの果たし合いは、史実からのあまりに思い切った逸脱となった。アレン・バラは前述の著書（*Inventing Wyatt Earp—His Life & Many Legends*）の中で次のように書いている。

『荒野の決闘』におけるヴィクター・マチュア演じる元外科医の拳銃使いは、――まるでアラスカヒグマのように見える結核患者であるが、東部ボストン出身ということになっている。その理由はおそらく、フォードは『荒野の決闘』のドク・ホリデイが数年前の彼の作品『駅馬車』（１９３９年）のある登場人物と混同されることを望まなかったからだろう。その人物とは、ジョン・キャラダイン演じるハットフィールドという南部出身の賭博師のことである。彼の人物像はドク・ホリデイに基づいており、痩せ衰えた、紳士の魂を持った流れ者で、南部的女性らしさの擁護者である。明らかにホリデイ伝説の変種の一つと言える。

〈筆者訳〉

ハットフィールドは、たまたま休憩のために停車した駅馬車の中の乗客の一人、将校夫人の美貌と「天使のような」気品に打たれ、興じていたポーカーをやめて彼女の護衛のために駅馬車に乗り込むのである。風の吹くまま気の向くままに生きる流浪の騎士さながらに。真実のドクはこのような雰囲気と志向性を持つ人物であった、というのがバラの見解である。

❖さようなら、古なじみの友よ

ドクは、体重が48キログラムくらいしかなかった。細身で青年のようであり、写真で見るとなかなかハンサムだ（ヴィクター・マチュアのドクはその二倍くらいの体重がありそうである）。ドクは傷つきやすい一方で「厄介者」でもあった。世間からはそう見えていたろう。この点だけは、映画のドクに似ていると言えなくもない。

息を引き取る間際に彼は微笑んで「滑稽だよな」と言ったという。恐らくわが身を語ったのだろう。

ワイアットと彼の妻ジョセフィーンは、ドクが身罷る少し前にデンバーにドクを訪ねている。ドクを見てワイアットは、彼が余命幾ばくも無いことを思い知らされた。そして彼は言った。

「不思議だな。君がいなければ俺は今日まで生きてくることは出来なかったはずなのに、君のほうが先に行くなんて」

別れ際にドクはワイアットの肩に腕を回した。

「さようなら、古なじみの友よ。再会するのはずっと先のことだな」

ジョセフィーンによれば、ワイアットは泣いたという。後にも先にも彼が涙を見せたのはこの時だけであった。


映画のドクと本当のドクの距離は限りなく遠い。

第4章

OK牧場の決闘

映画のクライマックスとなる、アープ兄弟とクラントン一家とのOK牧場での対決では、『荒野の決闘』の唯一のアクション・シーンが展開されるが、その描き方は、リアルで豪快というよりは、墨で描かれた白日のファンタジーのように流麗でフォトジェニックだ。凄惨で重苦しい感じはない。OK牧場という場所の空間描写にはあまり関心が払われておらず、登場人物の印象的なアクションの幾つかが私たちの視覚に鮮やかな残像を残す中で決闘は終わる。

クラントン一家は、父親のオールド・マンを含む3人の兄弟たち、アイク、サムそして、フィンが命を落とす。ワイアット側は、ドクが落命する。

ジョン・フォードは、ワイアットとアイクの対決の場面に詩的な効果を生む細やかな工夫を施したりしているが、OK牧場の決闘の全体の印象は、やはり人間を描き出すことに力点が置かれていると言えるだろう。オールド・マン・クラントンは映画の冒頭で登場して以来、人間の悪を体現したその象徴として描かれており、この決闘の場面でも卑劣な悪漢ぶりのイメージの造形は徹底している。ドクの死はセンチメンタルだが、悲劇的ロマンティシズムにあふれている。私個人の感覚で言えば、ドクという人物の描き方にはフォードの「文学青年的な」気質というか好みが感じられるように思う。

❖OK牧場で待っているぞ

前章では、ワイアット・アープがバーテンダーに恋の悩みを少し打ち明けて、サルーンの出口に向かったところまで触れていた。

そのワイアットがサルーンのドアを開けて外に出ようとすると、いきなり銃弾が飛んできてサルーンの内側にあるランプを打ち砕く。彼は身をこごめて銃を抜き2発放つとともにサルーンの中に退く。

３人の騎手が銃弾を放ちながらサルーンの前の通りを駆け抜けていく。アイク、サムそれにフィンの兄弟だろう。最後に一騎がサルーンのほうに近づいてきて馬を止め、サドルから一つの屍を地面に投げ落として大声でどなる。ミディアム・ショットのオールド・マン・クラントンだ。

「ＯＫ牧場で待っているぞ」

クラントンは馬首を巡らせ駆け去っていく。

サルーンから出てきたワイアットは、うつ伏せに倒れているヴァージルの死体の前に来て立ち止まり、かがみこむ。反対側からはモーガンが近づいてくる。ヴァージルを仰向きに抱き起こし、その顔をじっと見つめるワイアット。ロング・ショットの中に映し出される三人の姿。モーガンは立位でヴァージルを見、ワイアットはしゃがみこみ、彼の腕の中に物言わぬヴァージルがいる。モーガンとワイアットの姿はシルエットで、ヴァージルの目を閉じた顔だけに光が当たっている。三人の向こうには、月明かりに白く棚引く幾層かの雲を浮かべた夜空が広がっている。

セリフも音楽もない沈黙のシーンだが、一幅の絵のように悲劇の衝撃と痛切な喪失感、不可避となった運命の対決の重みがジワリと滲み出てくる静謐な情感に満ちた美しいシーンだ。

その情感がそのまま引き継がれるように、画面は刑務所の中の保安官部屋で夜明けを待つワイアットと上半身裸でモーガンが体を拭いているシーンにオーバーラップしていく。そこに、市長と助祭のジョン・シンプソンが現れる。シンプソンはワイアットに協力を申し出るが、ワイアットは「これは身内の問題なので」と断る。身内の問題なら、ワイアットが臨もうとしている決闘は、純粋な仇討ちの話になってしまうだろう。そうなると、これからのことは「法の執行」の範疇の枠をはみ出すことになる。実際には、この後ワイアットは市長から逮捕状を受け取ってOK牧場に向かうのだから、やろうとしていることは「法の執行」なのである。恐らくワイアットは、二人の市民からの助力の申し出に感謝しつつも、彼らが却って危険な目に遭うのを望まなかったのだろう。市長は町の政治権力のトップの立場にあるし、シンプソンは教会建設の重職を担うかなり年配の助祭なのだ。落ち着き払ったワイアットの態度からは、モーガンと二人で渡り合えるという自信が窺える。

❖チワワの死とドクの仲間入り

しかし、そこにドク・ホリデイが加わることになる。暗く沈痛で何か捨て鉢な様子のドクが部屋に入ってきて、

「チワワは死んだ。何がジョン・ホリデイ先生だ！」

と吐き捨てるように言う。自嘲を通り越した荒涼としたその表情からは、明らかに死の願望が読み取れる。彼はOK牧場を死地と決めたのだろう。彼が決闘に加わるのは、チワワの仇をうつためだが、しかしよく考えてみると、チワワを殺害したのはビリー・クラントンで、そのビリーはすでにワイアットの銃弾を受けて死んでしまっているのだから、復讐戦とはいっても、それは間接的な意味においてのことである。

そうは言っても、口出し無用といった思いつめたドクの表情を見ていると、チワワを失った絶望感に気圧されて、彼の決断に疑問符をつける気は起こらない。なんとなく流れで納得してしまうのである。ワイアットも無言でドクの参加を受け入れる。

夜明け。

ワイアットたちが建物の外に出てくる。

「行こう」

ワイアットの一声で、OK牧場に向かってメインストリートを歩み始める。

しかし、フォードは、その姿をクラントン一家の立てこもるOK牧場から捉えるのだ。広いメインストリートの左側にはマンション・ハウスやサルーンなどの建物が立ち並び右側には幌馬車や木の柵、サボテンが見える。そしてメインストリートのはるか向こうに、モニュメント・ヴァレーのメサやビュートが切り抜き絵のような荒野の奇観を呈している。その造化の妙たる岩山も、その上に広がった、筆でうっすらと掃いたように描かれた霞がかった白い雲を浮かべた大空からすれば凹凸のある小さな地の帯に等しい。ましてや、ワイアットたちの姿は小さな点にしか過ぎない。

この決闘でジョン・フォードがカメラに収めた

かったのは、モニュメント・ヴァレーのこの無窮の天と雲と岩山を抱いた原野ではなかったのか、とさえ思えてくる。

❖煙幕を挟んでの銃撃戦

ワイアットがOK牧場の正面入り口の近くに来て、幌馬車の陰から姿を見せ、拳銃の銃口を上に向けたままオールド・マン・クラントンに、

「逮捕状が出ているから、観念して自首しろ」

と投降を呼びかける。

だが、オールド・マンは、

「令状を執行するならここに来い」

と挑発する。誰がジェームズとヴァージルを殺したのかというワイアットの問いかけに、オールド・マンは、二人を殺したのは自分である、と言い放つ。ウォルター・ブレナンの嗜虐的で煮ても焼いても食えない悪党ぶりがなんとも憎たらしい。

と、アイク・クラントンが叫ぶ。

「貴様を殺してやる」

殺意をむき出しにした彼は木戸を蹴ってゲートを開けると銃を構えて中から出てくる。折し

も、先ほどまでは遠くに馬蹄の音を響かせていた駅馬車が、砂塵を蹴立てて疾走してくると、ちょうど両者の目の前を走り抜けていく。アイクはもうもうと立ち込めるその白い砂塵に向かって強引に突き進んでいく。そして見えない影にじらされるように発砲するが、逆にアープの銃火を浴びて地面に崩れ落ちる。駅馬車の砂塵を巧みに使った銃撃戦は、煙幕を挟んでの戦いだけに、凄惨さや血なまぐささを抑えた、白い帳に包まれた一瞬の幻の出来事のような感じがする。

ドクの死は、これと比べると見るからに痛ましいくらい演劇的である。

ドクは柵を登っててっぺんの横木を片足でまたぎ、上半身を起こして射撃の姿勢を取ろうとするが、この時激しい咳の発作に襲われ、たまらず純白のあの大きなハンカチで口を押さえる。この咳の音にフィンとサムはドクに気付き、銃弾を浴びせる。ドクは胸を押さえながら身をよじり、横木から地面に頽《くずお》れるように倒れ込む。モーガンはすかさず応戦するが、間に、銃声におびえて暴れる幾頭もの馬が動き回るので、モーガンも相手のほうも的を絞れない。

その側面をワイアットが銃を発射しながら走り過ぎていく。サムはその銃弾を受け、顔をのけぞらせて死んでいく。

ドクはまだ絶命していない。

❖ドクの死

体を起こしたドクの、ハンカチを持った右手が横木を握りしめている。左手には、フィンを狙う拳銃が。彼の顔の下半分は横木に遮られていて、両眼しか見えない。その眼は、フィンを見据えているのか、彼の呪わしい運命を見つめているのか、ただ一点を凝視している。そして引き金を引くと、力尽きて崩れ落ちていく。横木にまとわりついたあの白いハンカチを風になびかせて。

ドクの放った一発はフィンを撃ち倒し、かくしてクラントン一家の生き残りは、オールド・マンただ一人となる。

彼を追い詰めたワイアットは、しかし、オールド・マンを殺すことをしない。

二人のやり取りはこんな具合だ。

ワイアット　「銃を捨てて出てこい」

クラントン　「(銃を放り出して小屋から出てくると、ワイアットではなく正面を向いたまま) 息子たちよ！　アイク！　サム！　フィン！　ビリー！」

ワイアット　「みんな死んだ。だが私はお前を生かしておく。100年生きたらいい。そうすれば私の父親が感じる悲しみが少しは分かるだろう。さあ、町を出るんだ。

さ迷い歩き続けろ」

オールド・マンは馬に乗ると立ち去りかけるが、牧場の門を出て少しすると馬を止め、隠し持っていたであろう銃を抜き、ワイアットを撃とうとする。だが、そのオールド・マンを、少し前からモーガンが柵の横木に腰を乗せて、銃に弾を込めつつ見ていたのだ。モーガンはとっさに腰だめでファニング（引き金を引いたままで拳銃を抜き、撃鉄をもう一方の手で連打することで高速に連射する銃撃の仕方）する。クラントンは馬から転がり落ちる。フォードはウォード・ボンド（モーガン）にも花を持たせることを忘れていない。

こうして、ＯＫ牧場の決闘は終わる。

ワイアットは、この場を離れる前にドクの亡骸を、しばし無言で見つめる。ドクの体は建物の庇の下にあるので、立位のワイアットとモーガンを下から捉えるカメラには、二人の姿はほとんど黒いシルエットとなっており、その頭上には、白い綿毛のような雲がほろほろとちぎれて空に浮かんでいる。決闘の間中、音楽は一切奏されず、空間の必ずしもはっきりしない銃撃戦はどこか遠くにあって、物悲しさだけが募ってくるような感じだ。

凄惨なＯＫ牧場の決闘すら、フォードにとってはモニュメント・ヴァレーの自然のたたずまいの美しさとそれが喚起する悲しいほどの郷愁を表現するための素材だったのではなかろうか。

❖「真実」と「想像力」

　さてここで、避けては通れない本題に入ることにしよう。
『荒野の決闘』におけるOK牧場の決闘は、史実と異なるどのような相違点を持っているか、という問題である。
　もちろん、『荒野の決闘』が史実から離れているからと言って、この映画の価値が低められるわけではない。渡辺武信の次のような指摘は全く正しい（「映画史上ベスト200シリーズ『アメリカ映画』〈キネマ旬報〉の中の『荒野の決闘』」より）。

　……しかし、こうした相違点は、この映画の価値を低めるものでは決してなく、むしろ、史実を離れることによって、理想化された西部を濃密におおう快い感傷が生み出されたのだと言うべきなのだろう。

　しかし、同時に司馬遼太郎の以下の指摘も耳を傾けるべき真実を含んでいると思われる（『草原の記』新潮文庫）。

　小説とは、かりに定義をいうとすれば、美学的に秩序づけられた妄言といってもよく、その意味では、ここに書いてあることもまたとりとめがない。

ただし、19世紀やそれ以前と違い、世間が精密になっているために、妄言にもいちいち根拠が要る。たとえば、さきに「史記」や「戦国策」と言った書名を挙げたりしたが、そのことによって自分の想像にいちいち歯止めを施しておきたい。

司馬遼太郎は小説家だから、彼がここで言っている話は小説に限ったことではあるが、しかし、本質的には彼の言っていることは、映画や演劇などのほかの芸術にも当てはまることであろう。

時代が進み、調査や研究によって情報が精緻に積み重ねられるようになってくると、「真実」と「想像力」の間には、「裏付け」という歯止めがかけられるようになるのである。これは良心的な作家が拳々服膺すべき倫理にかかわる問題であろうが、一方読者あるいは鑑賞者の立場からすれば、史実を知っておくことは、その創造物のバックグラウンドや虚構性を冷静に見たり判断したりすることの出来る足場を得ることにもなろう。それは私たちによりその作品を楽しむ広い視野と思考の奥行きを与えてくれることにもなる。

そこで、ここでは『荒野の決闘』の史実とは全く異なる描かれ方をしている四つのポイントについて見ていくこととしたい。

❖第一の相違点――政治的・経済的・文化的文脈

第一の相違点について述べよう。

映画での、クラントン一家（オールド・マン・クラントンとその息子たち、アイク、サム、フィン）とアープ組（ワイアット、モーガン、ドク・ホリデイ）の間の銃撃戦とは異なり、実際の決闘は、「カウボーイズ（アイクとビリー・クラントン兄弟、フランクとトム・マクローリー兄弟）」と「アープ組（ヴァージル、ワイアット、モーガン、ドク・ホリデイ）」の間で銃火が交わされたのであった。オールド・マン・クラントンはすでにこの時より以前に死んでいたし、フィンは決闘に加わっていなかった。

後で少し詳しく見ていくことにするが、OK牧場の決闘が端緒となった「カウボーイズ」とアープ組の対立と血なまぐさい抗争は、映画のようなクラントン一家の非道な行為に対する私的な遺恨に端を発するものではなく、その背景には、舞台のアリゾナ南部地域特有の政治的・社会的・経済的状況が持つ諸問題が反映されたものであった。

地元の人々はもともと北部――連邦政府に対する根深い憎悪の念を抱いていた。彼らは政治的には土着の民主党支持者で、彼らからすれば、かつて南北戦争で戦った憎むべき北側の連邦政府は、法と秩序を押しつけてくるごりごりの権力者とみなされた。

クラントン兄弟もマクローリー兄弟も地元の牧場主で、牛泥棒のならず者たちと友好と連携を強め、「カウボーイズ」という犯罪集団を形成していた。その頂点にいたのは、巨躯と豪放磊落な性格を持つカーリー・ビル・ブロシアスと、内省的で怜悧なジョン・リンゴーという二人の人物であった。二人とも名うての拳銃使いだったという。彼らは、メキシコから牛を盗むという不法な活動に手を染めてはいたものの、一方でその畜牛が地元の牧場主を通じて経済を潤し、人々に牛肉を供給するという恩恵も与えていた。連邦政府の象徴ともいうべき「法の支配」を無視し、不羈で荒々しく自由に振る舞い、経済的な恵みをももたらしてくれる「カウボーイズ」は土着の人々の間では、あたかもロビン・フッドのようなオーラを発しているようにも見えた、とアレン・バラは言っている。「カウボーイズ」は「南部民主党的価値観の代表者」であった、というポーラ・ミッチェル・マークスの見方もある。

　トゥームストーンを所轄するコチーズ郡の郡保安官ジョニー・ビーハンはそういう「カウボーイズ」と適当に折り合いをつけてなあなあの関係を結び、「カウボーイズ」という重装備の武装集団の不法行為を許容していた。郡保安官という仕事は、司法官であると同時に行政官も兼ね、徴税を行った。徴収した税額の10％を手数料として得ることが出来るというまことに「おいしい役職」であった。彼は地元のコチーズ郡の政治家や言論機関を最大限に活用して仲間内で結託して政治的経済的利益を獲得していく「カウンティ（county＝郡）党」という一党を形成した。この党派にとっては「カウボーイズ」は利用価値のある暴力組織であった。選挙の票集めや住民の立ち退きを迫る実行部隊役は彼らには打ってつけだった。

アープ兄弟は、こういう状況の中に飛びこみ、幾重にも絡まりあう利害の対立や抗争に巻き込まれながら、「法と秩序」を守るという自分たちの意志を貫いていった。法律の執行についてては、彼らは非妥協的で厳格だった。アープ兄弟を支持したのは、トゥームストーンに来て間もない「よそ者」の連中、多くは東部からの実業家たちだった。

鬩ぎ合う勢力の両極に、法の執行者アープ兄弟と武装集団の「カウボーイズ」がいた。党派的対立は武力を持つ者同士を最前線に押し出す。彼らに和解は存在せず、両者の間の敵意と憎悪はますます先鋭化していく。そしてマグマが一気に噴き出したのがOK牧場の決闘であったと言っていいだろう。

❖第二の相違点——場所の問題

第二の相違点は、場所の問題である。

映画のOK牧場は、トゥームストーンの町のはずれにあり、ワイアットたちが町中を通り過ぎてここに来るまでに多少の道のりがある。ところが、現実には、町を東西に走るアレン・ストリートとフリモント・ストリートの間の細長い土地がOK牧場の敷地であった。さらに、決闘が行われた場所は、その町中のOK牧場からは30メートル程離れた、フリモント・ストリートに面したフライ写真館の隣の狭い空き地（4・6メートル×6・1メートル）であった。したがって、正確にいうなら、決闘の場所はOK牧場ではなかったのである。

初期のワイアット・アープに関する文献では、この決闘は「トゥームストーンの路上の決闘」（The street fight in Tombstone）と呼ばれていたそうだ。それが一般的に「OK牧場の決闘」と呼ばれるようになったのは、1950年代に入ってからである、とアレン・バラは指摘している。

しかし、この正確な場所を決闘の呼び名としたら、OK牧場の決闘は、「フリモント・ストリートの南側にある空き地の決闘」というインパクトと締まりのない呼称になってしまっていたろう。そのため、西部史上最も有名なこの決闘はかなり光彩を失ったものになっていたかもしれない。

なお、OK牧場のOKは、Old Kinderhookの頭文字をつなげたものであると言われている。Old Kinderhook、すなわちOKは、米国第8代大統領マーティン・ヴァン・ビューレン（1782〜1862年）のニックネームであった（その由来は、彼の生まれ故郷のニューヨーク州ハドソン・ヴァレー村がKinderhookと呼ばれていたからである）。二期目を目指すマーティン・ヴァン・ビューレンを支持するために作られた民主党のクラブが「OKクラブ」と呼ばれ、その名称がこの牧場（馬を入れておく囲い）に付けられたのであった。

ところが、ビューレンは選挙に負けて二期目を務めることは出来なかった。

❖第三の相違点――OK牧場の決闘は血の抗争の始まりだった

第三番目の相違点。これが最も重要なポイントである。

『荒野の決闘』では、OK牧場の決闘は、アープ兄弟とクラントン一家の血みどろの戦いを最終決着させるものとして描かれているが、史実では、OK牧場の決闘は、実は血の抗争の始まりを示す事件となったのであった。

そもそもOK牧場の決闘とはどのようなものであったのか。

⑴ ナゲット紙の報道

ここでは、トゥームストーンの主要紙『ナゲット』の記事を紹介する（引用はアレン・バラの *Inventing Wyatt Earp—His Life & Many Legends* より）。『ナゲット』（*Nugget*）は、民主党の機関誌ともいうべき新聞で「カウボーイズ」の擁護者となってアンチ・アープのプロパガンダを広めるリーダー的役割を果たした。しかし、この記事に関しては、バランスの取れたかなり正確な内容であったと言われている（なお、文中に、「『カウボーイズ』側の面々はOK牧場にいた」と書かれているが、これはすでに述べたように不正確な表現で、彼らがいたのはOK牧場から少し離れた「フリモント・ストリート」の南側にある空き地」である。また、ヴァージル・アープの肩書きが「連邦保安官」とあるが、正しくは「連邦副保安官」である）。

『ナゲット』紙は、まず次のような装飾的表現を用いて、事件の概要をどぎつく描き出す。

１８８1年10月26日は、血が水のようにあふれ、人命がバドミントンの羽のようにやり取りされた一日、この地あるいはおそらくアリゾナ準州で起こった最も血なまぐさく最も憎悪に満ちた町なかの死闘としていつまでも記憶される一日、トゥームストーンの歴史の中で、町が朱に染まった日の一つとして記録されるだろう。〈筆者訳〉

詳細なレポートは次の通りだ。

時は午後2時ころだった。この時その場に現れた郡保安官（Sheriff）ジョン・ビーハンは連邦保安官ヴァージル・アープに対して、もし今一緒にいるモーガン、ワイアット・アープそれにドク・ホリデイたちが武装解除に応じてくれるなら、自分はアイクとビリー・クラントン兄弟およびフランクとトム・マクローリー兄弟のいるＯＫ牧場のほうに行き、彼らの武器を取り上げよう、と申し出た。これに対して連邦保安官（ヴァージル）は、相手方の一団からの攻撃の危険がなくなったことが確認されるまでは、ビーハンが言うとおりにすることは出来ないと拒否した。

郡保安官ビーハンはＯＫ牧場に行き、「カウボーイズ」たちに銃を収めよ、問題を起こすなと命じた。アイク・クラントンとトム・マクローリーは、自分たちは武装していないと答え、フランク・マクローリーは銃をしまうつもりはないと言った。そうこうしている間に、連邦保安官は、自ら出向いて可能なら彼らの武装を解除してことを終わらせようと決断し、彼はワイアットたちとともにフレモント通りを下って牧場に向かった。

　郡保安官は牧場から飛び出してきて警告した。「おい、止まれ。あそこに行くな。さもないと面倒を起こすことになるぞ。俺はあそこでやつらから武器を取り上げようとしていたんだ」

　しかし、連邦保安官たちは通り過ぎていった。そして「カウボーイズ」たちと数フィートの距離まで来るとクラントン兄弟とマクローリー兄弟に声をかけた。「おいお前たち、両手を上げろ。今から武装解除をする」

　彼がしゃべっている時にフランク・マクローリーは彼の拳銃を抜く動作を見せた。その瞬間ワイアット・アープは銃を抜きフランクを撃った。銃弾は彼の右腹部に命中した。ほとんど同時にドク・ホリデイは、ウェルズ・ファーゴの小包などの配達人が携行しているような銃身の短いショットガンでトム・マクローリーの体の右側を銃撃した。一方、ビリー・クラントンはモーガン・アープめがけて発砲した。弾丸は彼の背面を横切り背骨をかすめて左肩の肩甲骨を貫通し関節のところで出てきてシャツの中に留まった。彼は地面に倒れたが、一瞬で立ち直ると体を起こして座位の姿勢から、フレモント通りを渡ったフランク・マクローリーに向けて発砲した。同時に、ドク・ホリデイがフランク・マクローリーを撃った。二つの弾丸は効き目があった。そのいずれかは致命的なものであったろう。一発は、フランクの右のこめかみに当たり、もう一発は左の胸に命中した。しかし、通りの向かいから攻撃を始めたフランクがホリデイに銃口を向けた時、「俺の勝ちだ」と彼は叫んだのだった。「ほざけ！　やれるならやってみろ」とドクは応じた。フランクの銃弾はホリデイのポケットを貫き、彼の皮膚をかすめていた。

こうした事態が起こっている中で、ビリー・クラントンはヴァージル・アープの右足を撃った。弾はふくらはぎを貫通し重症の新鮮創を負わせた。彼は彼でモーガン・アープに腹部の右側を撃たれていたし、ヴァージル・アープからは二回銃撃を受けていた。一度は右手首に、もう一度は左胸部に。銃撃戦が始まると、アイク・クラントンは、ＯＫ牧場を走り抜け、アレン通りを横切ってケロッグ・サルーンに駆け込み、そこからタフナット通りに逃れた。そこで彼は逮捕され、郡の監獄に収監された。

この銃撃戦に要した時間は25秒ほどだった。その間に30発の銃弾が発射された。〈筆者訳〉

これが、『ナゲット』紙に掲載されたＯＫ牧場の決闘の顛末だ。

⑵ 終わらない角逐――復讐の追撃

この結果、「カウボーイズ」側には、ビリー・クラントン、フランクとトム・マクローリー兄弟の3人の死者が出た。アープ側は、ヴァージルとモーガンが負傷したが、命を落とした者はいなかった。

銃撃戦のあと、アープ兄弟とドク・ホリデイは、殺人罪で起訴された。原告はあのアイク・クラントン、銃撃戦の現場から逃走した人物である。法廷での審理は一カ月ほど続いたが、全員無罪となった。しかし、裁判でことは終わらなかった。

「カウボーイズ」の血の報復の火蓋が切られたのだった。

ヴァージルが待ち伏せに遭い、肩から肘にかけて骨が砕かれてしまった。彼は左腕の骨を10センチも切り取る手術を受け、こ

マクローリー兄弟とビリー・クラントンの眠るブートヒルの墓

のため彼は生涯を障害者として生きざるを得なかった。さらにワイアットの最愛の弟のモーガンが、撞球を楽しんでいる時に部屋の外から撃ち込まれた銃弾に背骨を撃ち抜かれ絶命した。

報復は報復の連鎖を生む。

怒り心頭に発したワイアットは同志を糾合して「復讐の追撃（Vendetta Ride）」にうって出た。これは、犯罪者を法の裁きにかけるためのものではなく、自らが刑の執行者になり、肉親を殺めたり重傷を負わせたりした犯人たちに「死」の制裁を加えることを目的とするものだった。アレン・バラはこの復讐劇がワイアットの評判を落とす一因になっていると指摘している。

ワイアットたちは犯人と思しき「カウボーイズ」の一人ひとりを追い詰め殺害していった。そして、異説もあるが、「カウボーイズ」の首領格のカーリー・ビル・ブロシアスの胸をショットガンで銃撃しその胴体をほとんど真っ二つにしてしまったと言われている。

ワイアットたちの行動は法に反するもので、逮捕状が発令され、郡保安官のジョニー・ビーハンが追跡隊を組んで追走したがついに捕らえることは出来なかった。ニューメキシコを経てワイアットはコロラドに逃れた。同州のトリニダードには盟友のバット・マスターソンが保安官を務めていたからとも言われる。バットは、かつてともにドッジ・シティで法の執行官として苦楽をともした間柄でありワイアットの生涯の刎頸の友であった。

バットの尽力もあり、ワイアットはアリゾナからの身柄引き渡しの要求を躱し自由の身となることが出来たのであった。

❖第四の相違点――マニフェスト・デスティニーの内実

(1)『荒野の決闘』のマニフェスト・デスティニー

◆西部と東部の和解と調和

最後に、第四の相違点は、ワイアットの行ったことの歴史的あるいは社会的意義付けの問題だ。この問題は、現代にまで引き継がれているいわば米国の発展史の意義を問うものと言ってもいい。

映画も事実も、トゥームストーンでワイアットたちが苛烈な戦いの末に成し遂げたのは、一言で言い切ってしまえば「マニフェスト・デスティニー」(Manifest Destiny) の一つの成就であったことを示唆している。

「マニフェスト・デスティニー」とは、米国の領土拡張を「聖なる使命」とする言い回しで「明白なる使命」あるいは「明確なる運命」と訳されている。1845年、米国のテキサス共和国の併合を支持するジョン・オサリヴァンが雑誌の中で、それを正当化する理屈付けに用いた。これが次第に米国の西部開拓――先住民虐殺や西進を正当化させるものになっていった。

「マニフェスト・デスティニー」の考え方の根本にあったのは、米国は北米大陸において民主的諸制度を拡張するように運命付けられているという認識であった。これが、米国民に、他の地域に対する道徳的優越感を与えた。19世紀にフロンティアが消滅すると、アメリカ＝スペイン戦争やアメリカ=メキシコ戦争、さらにハワイ併合などの、米国の帝国主義的な領土拡張や覇権主義を正当化するための標語のようなものにもなった(今日では使われていない)。

要するに、米国は、自国のみならず世界を「文明化」するために領土拡張の使命を持つというのが「マニフェスト・デスティニー」であったと言えよう。

『荒野の決闘』における「マニフェスト・デスティニー」は、西部の文明化という文脈において理解することが可能だ。しかも、この映画には、「マニフェスト・デスティニー」が伴わざるを得なかった悲劇的暴力執行の側面——米国先住民の虐殺とは無縁の世界が描かれている。トゥームストーンの近郊で畜牛と牛泥棒を稼業とする土着の牧畜業者のクラントン一家による殺人と略奪行為を正し、復讐を遂げるのは、牛追いを生業とするアープ兄弟である。ワイアットは、トゥームストーンで保安官の仕事を引き受け、最後の決闘時には、逮捕状を持ってクラントンに対峙する。したがって、ワイアットの行為は、法と正義の執行であり、この結果、町には平和と秩序がもたらされる。

クレメンタインは、熱心なキリスト教徒で、町に教会が建設されることを知ってここに残り学校の先生になることを決意する。つまり、彼女は、ピューリタン的道徳と近代的文明で西部を啓蒙する教導者たらんとするのである。

私はクレメンタインとワイアットの関係の中に、「東部=文明」と「未開な西部」の調和的な結合があることを第2章で指摘したが、まさにこの「西部の文明化」こそ、『荒野の決闘』

を米国が有していることを雄弁に物語っていたと思う。
フロアのダンスの場面で、米国国旗が翩翻と棚引いていた様は、西部開拓の聖なるミッション
に体現されている「マニフェスト・デスティニー」と見ていいだろう。特に、建設中の教会の

⑵ 史実のマニフェスト・デスティニー

㈠ 北部の価値観と南西部の価値観の激突

一方、史実に目を転じると、アープ兄弟が一攫千金を求めてやってきたトゥームストーンの町の周りで生活している土着の人々は、法と秩序を振りかざす連邦政府的なものに憎悪と反発を抱いており、無法な犯罪を繰り返す「カウボーイズ」を困りものとは認識しつつ、メキシコ人たちから「カウボーイズ」が強奪してくる畜牛の恩恵にあずかっていたこともあり、いわば必要悪として彼らを容認していたのだった。地元の人々は「カウボーイズ」と同様にメキシコ人に対する侮蔑の感情を有していた。だから、彼らは牛を盗む行為に対して痛痒を感じていなかったのかもしれない。「カウボーイズ」を義賊と見るような感情を彼らは濃厚に抱いていた。

米国人の人口の急増に加えて、米国陸軍基地の建設と先住民の居留地の存在が、畜牛の需要を増大させていた。この辺りは、土地が乾燥しているため牛を育てるのに必ずしも最適ではなかったので、メキシコから盗んだ牛を運び入れてこれを売るほうがどれほどか手っ取り早く実利を得やすい方法でもあった。もっとも、すべての牧場経営者が「カウボーイズ」のやり方を

快く思っていたわけではなかったことも指摘しておくべきだろう。「カウボーイズ」の多くは、隣のテキサス州のテキサス・レンジャーによって同州の西部の平原からもめごとを起こして放逐された南軍の元兵士か、あるいはテキサスとニューメキシコの放牧地をめぐる戦争に参加した元兵士であった。彼らは根無し草の風来坊であり、牛泥棒の経験がある彼らの大半は盗んだ畜牛の商いを当然の仕事としているような連中だった。

こうした政治的社会的特徴を持った地域にアープ兄弟はやってきたのである。民主党の気風が強いアリゾナ南部地域においても、アープ兄弟は不屈の共和党員であったし、リンカーンを崇拝してきた。彼らは地元の多くの人から快く思われなかった。人々は、アープ兄弟をヤンキーでユニオニスト（Unionist：南北戦争の時に北部の連邦政府を支持した人たち）とみなした。ワイアットが、弟のモーガンを殺害された後、仲間とともに「カウボーイズ」を追跡した「復讐の追撃」の間中、アリゾナ準州の民主党系新聞は、これはアープ側による「連邦権力の乱用」であると書き立てたほどであった。

アープ兄弟の主要な支持者たちの大半は、町に来て間もないboomers（新興の土地に押しかけてきた新参者たち——大半は東部から来た実業家）で、彼らはよそ者で共和党員であった。彼らは彼らで利益の拡大を狙っていた。もちろん、イリノイ州生まれのワイアットたちもその新参の勢力の一翼を、法と秩序の執行者として担っていた。彼らはともにいわば「都市生活者」で、地元の人たちが許容してきた「カウボーイズ」による家畜泥棒や乱暴狼藉に対して慣れていなかったし忍耐力も持ち合わせていなかった。彼らは、牛泥棒は地域の経済を不安定化させ治安を乱すことにつながると考えていた。やはりよそ者の知識人で、『ナゲット』紙に対抗するもう一方の旗頭の新聞の『エピタフ』(*Epitaph*)の所有者であり、トゥームストーンが正式の市の資格を得た後の初代の市長に選ばれたジョン・クラムも、アープ兄弟の熱烈な支持者であった。

トゥームストーンに来た当初、アープ兄弟の頭にあったのは、金を稼ぐことであった。鉱山の利権を得たり、賭博の胴元を務めたりして相当な稼ぎを得た彼らは人生で初めて不動産の所有者となり、生活は安定した。蓄財に出精する一方、彼らは、法の執行の仕事とは切っても切れない関係にあった。ヴァージルはトゥームストーンに来る前に連邦副保安官の職を得ていて、OK牧場の決闘時もその地位にあった。そして、ヴァージルが連邦副保安官として犯罪者を追跡するときなど、ワイアットやモーガンを保安官代理に任命し、兄弟は力を合わせて法の執行に当たったのであった。何度か述べてきたようにアープ兄弟は法の執行に対しては、厳正で「見て見ぬふり」が出来なかった。

OK牧場の決闘のほぼ半年前、5月と8月の間に「カウボーイズ」とメキシコ人との間で多数の死傷者が出る大虐殺事件が三つ立て続けに起こった。最初は、牛泥棒を働いた「カウボーイズ」がメキシコ人に殺害され、次いで「カウボーイズ」がメキシコの牧場主たちに復讐し、最後に、メキシコ軍が「カウボーイズ」を待ち伏せて報復を行ったのだった。牛泥棒の問題は、米国とメキシコの国境をまたぐ国家間の政治的なトラブルに発展しつつあった。自国南西部の国境に関する一貫した政策のない米国政府は、民間の所有物に軍を介入させることを禁ずる法律もあったために有効な手が取れず、「カウボーイズ」の規制と排除をアープ兄弟に委ねつつあった、と指摘するグレン・G・ボイヤーなどの研究者もいる。

(イ) 連邦政府的文明が南西部の辺境を飲み込む

ヴァージルが重傷を負って「カウボーイズ」との戦いの舞台から退場せざるを得なくなると、ワイアットはすぐに連邦副保安官の地位を望み、これを手に入れている。津神久三は『ワイアット・アープ伝』の中で「むしり取るようにしてでも補佐(副保安官)の肩書を身に付けたいという、彼の執念が感じられる」と指摘しているが、恐らくワイアットは、連邦政府のアリゾナ南西部における法と秩序の代表者として責任を果たすことが自らのミッションと考えたのだろう。アープは、地元の治安組織は何もしてくれない、という思いが強かったのである。

しかし、弟のモーガンが殺害されるや「復讐の追撃(Vendetta Ride)」に身を投じるようになってからのワイアットは、法の執行官というよりも、復讐の念に燃えた制裁者の印象が勝っていて、ここには一線を越えたワイアットの正義の執行の是非の問題がある。反連邦、反北部の意識の強さは西部の保守的な人々のパラノイア(偏執病)のようなところでもあるが、これに加えて、そのことがいまだにこの地方に根を下ろす反アープ感情の一因になっている。

ある意味で、そういう「影」の分を持ちながら、ワイアットが「カウボーイズ」の制圧のために命を懸けたのが、ＯＫ牧場の決闘を序章とするアープ組と牛泥棒の犯罪集団との対決の物語であった。

そこには委細に見ていけばいくつもの政治的、経済的背景や個人的な遺恨などの要因を見出すことが出来るが、この血みどろの戦いの果てに、「カウボーイズ」が雲散霧消して平穏なトゥームストーンを郡都とするコチーズ郡に戻っていったことを考えるなら、両者の死力を尽くした争いは、連邦政府的近代文明の秩序が、野放図で略奪や無法の横行を許容したメキシコ国境に近い辺境の地を飲み込んでいく過程で起こった事件であった、と大づかみに捉えることも可能だ。その意味で、トゥームストーンを主な舞台にしたアープ側と「カウボーイズ」の抗争は、「マニフェスト・デスティニー」が政治的かつ経済的発展過程の中で厳然と貫徹されていった劇的な一つの側面、と見ることが出来る。しかし同時に、それは、抜きがたい党派的政治および経済的確執、激突する人間同士の憎悪と執念の絡まり合いが見事に凝縮された、いかにも人間くさいドラマでもあった。

津神久三は前掲書の中で、次のように結論付けている。

　いずれにしろカウボーイの衰退過程はやや自然現象的なところもある。アープ組が彼らを全滅させたわけでもないし、レインジャー（アリゾナ・レインジャーのこと。１９０１

年に発足——筆者注）はまだ揺籃期にあった頃だ。一言で言えば、時代の大きな流れと言っていいであろう。文明の到着による原始的な実力社会の崩壊、つまり規制社会の泥濘を含んだ「時」という巨大な奔流が、野放図でロマンスに満ちたフロンティアを押し流し過去のものとしてしまったのである。

❖その後——「親アープ」と「反アープ」の党派的論争

アープ組と「カウボーイズ」との抗争のその後について少し触れる。

「カウボーイズ」の多くは、メキシコで泥棒を働いている時にメキシコ人に殺されたり、酒に酔った末の仲間同士の喧嘩で命を落としたりした。まともな牧場主たちは、自警団を組織し「カウボーイズ」をこの地方の外に追い出した。メキシコでの牛泥棒が厳しく取り締まられるようになってからは、「カウボーイズ」は、国境の北側の大きな牧場主の牛に狙いをつけるようになっていたのだった。

彼らの保護者であったジョン・ビーハンは郡保安官の指名を得ようとしたが、アープ追走が不首尾に終わったことや彼の腐敗ぶりが問題視されたのだろうか、指名を得ることが出来なかった。彼の政治的野望は潰えた。彼は酒に溺れた末に、ユマの刑務所長になった。庇護者を失った「カウボーイズ」の末路は哀れであった。幾つもの重罪容疑で起訴されているアイク・

クラントンは一人の探偵により射殺され、頭目の片割れジョン・リンゴーは死体で発見された。その死因に関しては諸説あり、詳らかにしない。

『エピタフ』の社主のクラムは、アープ隊が町を去ると、時経ずして同紙を売り払い、後に郵政省入りし、高級官僚となって米国各州を回ったそうだ。

「カウボーイズ」の崩壊は、銀山が発見され一躍ブームタウンとなったトゥームストーンの凋落に不思議に重なっていると言われる。銀鉱を発見したのは、米国騎兵隊の斥候を務めたエド・シーフェリンであった。彼が単独でこの地域の探索を始めた時、騎兵隊員たちは「このアパッチの国を探し回ったりしていると、お前の『墓石（tombstone）』を見つけることになるぞ」と警告した。シーフェリンの面白いところは、この言葉を忘れずにいて、町の名前としたことだ。町の繁栄は１８７７年ころから１８９０年までとされる。その少し前には僅か２５０人程度の人口しかなかったこの町は、アープたちが到着した１８７９年には1万人に膨れ上がり、最盛期の83年ころは1万4千人に達していた。東部の資本だけではなく遠くヨーロッパからも資金が流れ込むほどの繁栄ぶりを示したのである。

しかし、深く掘り進められた坑道に地下の湧水があふれ出て採掘のコスト高を招いたり、銀の価格が暴落したりして、採掘事業は行き詰まり、やがてトゥームストーンはゴーストタウンに零落した時期もあったが、忘れ去られることはなかった。ワイアット・アープがその名を不朽のものとしてくれたからである。一方で、トゥームストーンが無ければ、ワイアット・アープはこれほど有名になることもなかったもしれない。彼の伝説のお膳立てをしてくれたのはこの銀鉱の町に他ならない。

しかも、彼を米国歴史上最も著名な人々の中にランクさせているのは、彼が多くの賛美者だけでなく彼に悪口を浴びせる数多くの批判者を持っているということに由来するのかもしれない。「親アープ＝アープびいき」と「反アープ」の人々の間に延々と続いているいわば党派的な侃々諤々の論争と甲論乙駁は、アープ像をその振幅の分だけ一層大きくさせているとも言えよう。前述したように「親アープ」派にとっては、ワイアットは「スーパーマン」である一方で、「反アープ」派の人たちには彼は「ブギーマン（bogeyman）＝いたずらっ子をさらっていくという想像上の妖怪」なのである。多くのアメリカ人はワイアット＝スーパーマン伝説を奉じているが、同時に「ワイアット＝ブギーマン伝説」はアリゾナ州および南西部で今日も根強く支持されているようだ。

毀誉褒貶は人の世の常と言われているが、それにしてもアープに関するその度合いは尋常ではない。賛成と反対を含めてアープに関する断片情報を掘り出しては文献にする仕事をアーピアナ（Earpiana）と呼ぶそうだが、アレン・バラによるとその文献の量は、小さな図書館を優に一つを作れるほどの膨大なものだそうだ。

ワイアット・アープに関する映画は『荒野の決闘』のほかにこれまで数多く作られてきた。

その中のアープ像は、その捉え方と描き方が時代とともにかなり大きく変化してきている。

最後に、その変遷とその変化をもたらした要因について見ていくことにするが、その前に、映画のエピローグである、ワイアットとクレメンタインの別れについて次章で語ることにしよう。

第5章　別れ

❖「いわく言い難い」情感

第5章は、『荒野の決闘』のエピローグである。カット数でせいぜい12くらいだ。時間で言えば3分ほどの長さしかない。にもかかわらず、このラスト・シーンほど、私たちの心の中に「いわく言い難い」情感を込みあげさせてくれる西部劇はない。比肩出来るのは『シェーン』くらいだろう。

『シェーン』では、去らざるを得ないシェーンの心情と、そのシェーンに強い憧れを持ち、彼を引き留めたいと願う少年ジョーイの心情のギャップが痛いほど観客である私たちに分かるがゆえに、私たちは胸を衝かれる痛みと感傷を味わったのだった。そしてまたあのラストには、滅びゆくガンマンの哀歌も奏でられていた。

一方、『荒野の決闘』のこのラスト・シーンでは、クレメンタインもワイアットも、お互いを思う想いは同じなのである。しかし、それでもなおワイアットは去っていく。もちろん、再び牛を追って彼はトゥームストーンを訪れ、クレメンタインに会うかもしれないが、映画の中には、その再会が二人の結婚を意味することを示唆するようなメッセージは読み取れない。「めでたし、めでたし」という方向には流れていっていないのである。少なくとも私にはそう感じられる。

最後のシークエンスを、シナリオとも照らし合わせながら追ってみよう。

クレメンタインは、町はずれの木の柵の近くに立っている。ワイアットとモーガンを見送るために待っているのだ。そこに二頭立ての馬車に乗ったモーガンと馬にまたがったワイアットがやってくる。

愛らしいクレメンタインのミディアム・ショット（胸から上の半身像）。

モーガンの後ろ姿のミディアム・ショット（馬車を止めて、クレメンタインに話しかける）。

「（帽子を傾けながら）お別れですね。知り合えて本当によかった」

そう言って、彼は馬車を再び発進させ、道を下り始める。

ワイアットのミディアム・ショット（馬を下りる）。

ワイアットとクレメンタインのロング・ショット（全身と周りの風景を収めた映像）。

ワイアット、クレメンタインに近づく。

ミディアム・ショットのクレメンタインの中にワイアットが入ってくる。お互いにじっと見つめ合う。

クレメンタインが口を開く。

「お話ししたかったことは沢山ありますのに(考えるように口をつぐむ)、どれも私の気持ちじゃないみたい」

ワイアットの優しく思慮深い言葉がこれに応える。

「そうですね、……私にも分かります。(少し間を置いて)町長に聞いたんですが、ここにしばらく残って学校を始めるお手伝いをするそうですね」

「ええ。新しい先生なの」

と微笑むクレメンタイン。

「それはいい。私とモーガンは父に今回の出来事を報告するために帰りますが、またこの

あたりに牛を求めてくることがあると思います。その時はおそらくここに立ち寄ります」

クレメンタインは、期待を込めて訊く。

「学校に寄ってくださる？」

ワイアットのミディアム・ショット（クレメンタインの後ろ姿が見える）。

「ええ、きっとそうしますよ（少し躊躇《ためら》い、それから身を屈めてクレメンタインの頬に優しくキスをする）。（微笑みながら）さようなら」

❖クレメンタインの気持ち、ワイアットの気持ち

「どれも私の気持ちじゃないみたい」つまり「何も言えません」と言うクレメンタインは、トゥームストーンでの短い滞在の間に起こった悲喜こもごもの事件の連続に心が乱れて、うまく気持ちを整理することが出来ない状態に置かれてしまったに違いない。

結局、ワイアットが思いを寄せたクレメンタインの胸の底に刻みこまれた愛はドク・ホリデイに対するものだったのだ。そのドク・ホリデイは、クレメンタインを心底愛していたがゆえに彼女との絆を断ち切って歌姫チワワと結ばれることを望んだ。一方、チワワは、ドクが邪険にしたためにビリー・クラントンと悪縁の間柄になってビリーに殺された。その仇をうつために参加したＯＫ牧場の決闘でドクも落命してしまった。

こうした因果は、巡り巡ってクレメンタインの心にも影を落とすことになったわけである。彼女は確かにワイアットに急速に親近感を強めていったが、チワワとドクの死は、その想いに内省の帳をかけて鈍らせてしまったのかもしれない。

好意を寄せ合う二人が、トゥームストーンで起こった事件と悲劇の残響の重みをそれぞれ「内なる心の声」として受け止め、結ばれることなく各自の道を歩み出していくのだ。

ヘンリー・フォンダ演じるワイアットは、謙虚で押しつけがましいところが全くない。あるのは、クレメンタインの心を理解し、その気持ちにしたがって自分の心を空しくさせたいと思うことだ。

ワイアットとクレメンタインが向き合うミディアム・ショット。

ワイアット、クレメンタインの手を握る。

「さようなら」

クレメンタインも別れの挨拶をする。

馬にまたがるワイアットのロング・ショット。馬上からクレメンタインを見つめ、顔いっぱいに笑みを浮かべる。

「私は……その名前が大好きです……クレメンタインという名前が」

そう言ってワイアットは、帽子を取り、恭しくクレメンタインに敬意を表すると、馬を走らせていく。ゆっくりとしたその所作のなんと典雅なことだろう。ハーモニカが、さびさびと哀調をこめて、思い入れたっぷりに「愛しのクレメンタイン（*My Darling Clementine*）」の曲を奏で始める。

画面いっぱいにモニュメント・ヴァレーの全景が映し出される。その真ん中を走る細い白い道を駆け下りていくワイアット。モーガンの馬車は遠くに小さな点となって見える。帽子を振ってワイアットの敬意に応えたクレメンタインは、道にたたずんでワイアットを見送っている。そして彼女が数歩道を下る中で、「愛しのクレメンタイン」のコーラスが始まり、その歌声が次第に大きくなっていく。

これが、『荒野の決闘』のエンディングだ。何度見ても、まったりとした郷愁の味わいは色あせ

ることがない。

❖郷愁と憧れ

こうしてワイアットはエレガントに去っていく。

そこにまずなによりも感じられるのは郷愁——第1章の冒頭で述べた通奏低音としての郷愁＝ノスタルジアなのである。それは故郷なのか、父親なのか、あるいは西部そのものなのか、その魂なのか。

ロナルド・L・デーヴィスは*John Ford: Hollywood's Old Master*の中で、描かれたワイアットのヒーロー像について次のように指摘している。


ワイアット・アープ、この沈思黙考するヒーローは道徳的に志操強固で恐れを知らない。彼が洗練された上品な人間になるための第一歩は、トゥームストーンの理髪店に行くことであった。これは潜在的な彼の文明に対する衝動を示唆している。アープは西部劇のヒーローらしく法と秩序には忠誠心を持っているが、しかし彼は秩序の確立したコミュニティには縛られたくない。彼は保安官の仕事を受け入れ、未開の土地に品位と社会的進歩をもたらす。彼は自分の役目を果たすと、文明から離れて暮らすことを選んでまた荒野に戻っていく。彼が達成したことの中にはより暗い意味が暗示されている。町の名前はトゥームストーン（墓石）で、これは死を象徴しているのだから。〈筆者訳〉

デーヴィスの表現を借りれば、ワイアットの郷愁とは「文明から離れた荒野の生活への思い」ということになる。現代的に言えば、「管理社会から距離を置いて生きること」とでも言えようか。それもあり得よう。現代との文脈で解釈すれば、『荒野の決闘』はそれほど単純な話で終わっているわけではない。

しかも、牛追いの生活に戻るとして、以前、苦楽を共にしたヴァージルとジェームズはもういないのだから、その郷愁には、痛切な喪失感が滲んでいるのは確かだろう。

こうしてワイアットは去っていく。しかし、それは絶望的に暗く荒涼としたノスタルジアではない。すでに見たように、そこにはもう一つのロマンティックな要素が加わっている。

その要素とは、クレメンタインへの尽きせぬ憧れ、憧憬である。見果てぬ淑女への夢といってもいいかもしれない。

ワイアットは、少し湾曲した細く白い道を馬に乗って駆け下りて、モーガンに追いつかんばかりだ。それを見守るクレメンタイン。画面いっぱいに、モニュメント・ヴァレーの光あふれる荒野とはるか彼方に屹立した奇岩が見える。その両のすそ野から長くゆったりと地平線が伸びている。上空には、薄く延ばした綿を千切ったような断片雲を浮かべた蒼穹が見える。白いブラウスを着、長いスカートをはき、手には広い鍔の帽子を持ってワイアットを見送るクレメンタイン。

エンディングの音楽は『愛しのクレメンタイン』だ。

フォードは、この古い民謡が好きであるという、たったそれだけの理由から、これを映画のタイトルにした。

考えてみれば、映画の物語自体が、ある意味で、『愛しのクレメンタイン』に対するフォードの愛から生まれた連想劇のような要素を持っているような気もする。

ワイアットが再びクレメンタインに会おうが会うまいが、クレメンタインは彼の心の「マドンナ」として消え去ることなく生き続けていくことだろう。

ラストで、フォードはもう一度この映画の基本テーマである郷愁に立ち戻り、ワイアットを荒野に帰してあげるのであるが、そこに甘味な味わい、あるいは感傷が加味されているのは、クレメンタインに対する純情で美しい憧れが表現されているからである。

そして、クレメンタインを「文明」の象徴と捉えるなら、ワイアットとクレメンタインは結ばれることはないのかもしれない。もちろん、それは文明との相克を意味するものではないが。

❖幻のオリジナル版と公開版

『荒野の決闘』は、もちろんジョン・フォードの西部劇の中で、『駅馬車』と双璧をなす最高傑作との評価が定着している。だが今日では、私たちが映画館でかつて見た『荒野の決闘』、あるいは有料テレビのチャンネルで時々見たりするそれは、実は、フォードのオリジナル版ではなく、製作者のダリル・ザナックによって、フォードが仕事から離れた後に幾つかの場面が削られたり、撮り直したフィルムに置換されたりして再編集されたものであることが判明している。ザナックは、ハリウッド最大手の映画会社「20世紀フォックス」の撮影所における製作プログラムの総指揮権を握る人物で「帝王」と呼ばれていた。ザナックの再編集によって、映画はオリジナル版よりも30分ほど短縮されてしまったそうだ。

フォードのオリジナル版というのは現存していないので、どのようなものであったかは分からない。ただし、幸いにも、「非公開試写版（preview version）」という、ザナックが最終的な再編集に入る前の段階のフィルムが発見されているので、私たちはそれを見ることは出来るし、公開版と比較することも出来る。現在販売されている『荒野の決闘』のＤＶＤには、その両方のヴァージョンが収録されている。このように、二つのヴァージョンが私たちの手元に提供されている以上、『荒野の決闘』を語る場合には、どうしてもザナックによる再編集の問題――なぜ再編集が行われたのか、それによってどう変わったのか――について触れないわけにはいかない。

しかし、この話に入る前に、編集以前になされていたもっと根本的問題、脚本づくりの最終段階で映画のストーリーの最後が修正されていたことに言及しておくべきだろう。この修正もザナックから示唆されたもので、これがなされることによって、エンディングの部分ががらりと変わってしまったからである。

❖変更された結末

『荒野の決闘』の脚本を担当したのは、主にはウインストン・ミラーという、かつてフォードが若い時に監督した『アイアン・ホース』（1924年）に出演した人物であった。ミラーはフォードと何度も話し合い意見を戦わせながらまるで共同作業のような過程を経て第一稿を書き上げたのだった。その脚本の中の最後の場面は、ドク・ホリデイが埋葬された墓地で、ワイアットとクレメンタインがお互いにトゥームストーンの町に残ることを認め合うというものであった。つまり、二人は、トゥームストーンで結ばれることになっていたのである。

ところが、この初稿を読んだザナックは、二人が結ばれる結末にするのではなく、ワイアットが町のはずれでクレメンタインに別れを告げて去っていくこと、そしてワイアットが再び戻る可能性をほのめかすようにすることを提案したのであった。

ザナックの提案通りに脚本は修正された。まさに鶴の一声である。この結果、今日私たちはザナックのアイディア通りの『荒野の決闘』のラスト・シーンを見ているわけだ。

一方、フォードは、結末を変更されたことについて大いに不満があったようだ。『荒野の決闘』を撮った十数年後、フォードはインタビュー記事（Mark Haggard, *Ford in Person*, Focus on Film, No. 6 Spring, 1971）の中で次のように主張している。

この映画の終幕は私が意図したものではなかった。私はあんな風に話を終わらせたくなかった……私はワイアットがあの町に残り、末永く保安官を務めてほしかった――実際彼はそうしたのだ。それが本当の話なのさ。ところが、彼は馬に乗って去っていかざるを得なかったというわけだ。〈筆者訳〉

どうやらフォードは、ワイアットがトゥームストーンにとどまり、保安官として生きたと信じているようだ。そしておそらく愛する女性と結ばれたと考えていたのかもしれない。つまり、クレメンタインは、ワイアットの妻であるジョセフィーンをモデルと考えていた気配がする。

確かにワイアットは、ジョセフィーンとその後の人生をともに過ごしたが、彼がトゥームストーンにとどまったというフォードの認識は事実誤認と言わざるを得ない。ワイアットは、ドクなどの仲間とともに復讐の追跡に出発するとき、トゥームストーンに戻ることは出来ないと覚悟を決めていた。彼は自分の行為が法執行の限度を超えていることを十分に認識していたのである。だから彼は最後には、アリゾナを離れニューメキシコを経てコロラドに逃れたのであった。

このように、フォードはワイアットの生涯について相当な思い違いをしていたことが分かるのではあるが、再映画化の話が出たころのフォードは、ことワイアットとOK牧場の決闘に関しては、誰よりも真実を知っているという自信たっぷりの態度を示していたようである。ザナックから*Frontier Marshall*の再映画化をしないかという話を持ち掛けられた時、フォードは、自分はワイアット・アープと面識があったこと、そしてOK牧場の決闘については、若い時にワイアットから事細かにその一部始終を聞いていたことをザナックに明かしていた節がある。

1945年10月31日に、フォードは、初めてこの映画を映写室で見た後で、ザナックに、総天然色でヘンリー・フォンダにワイアットを、タイロン・パワーにドクを演じさせれば、素晴らしい物語になるだろうと伝えている。そして彼はさらに、この映画の、サム・ヘルマンの脚本はおよそ40％程度しか事実に基づいていないので、もっと歴史的真実の精度を高めるとともにその背景を壮大にするためにロケ地はモニュメント・ヴァレーなどがいいのではないかと提案したのだった。つまり、フォードは、自分は真実をすべて知っているという態度で、*Frontier Marshall*の再映画化に対したわけである。

この自信満々のフォードの提案は、総天然色が白黒に、ドク役がヴィクター・マチュアに変わったことを除いては、フォードの思惑通りになった（カラーが白黒に変更されたのも、ザナックの指示ではなくフォードが考えを変えたからだった）。*Frontier Marshall* の原作者であるスチュアート・レークが、助言をほのめかしてきた時も、フォードはこれを無視している。

❖「わが道」を行ったフォード

彼は「わが道」を突き進んだのだ。にもかかわらず、フォードは、脚本が完成したころには自分が歴史的事実を完全に無視していることに気付いていたようである。

ワイアットの映画化の話を聞きつけると、すかさず容喙しようとしてきたスチュアート・レークを蹴ったフォードではあったが、ワイアット・アープの名を一躍国民的ヒーローに高めたレークの原作 *Wyatt Earp Frontier Marshal*（1931年）はワイアットの伝記として評価の確立した名著とされていた（わが国では『ワイアット・アープ伝　真説・荒野の決闘』〈鮎川信夫訳〉というタイトルで1962年に荒地出版社から刊行されている）。この本は60年代に、ワイアットの偶像破壊を決定的にした別の本 *The Earp Brothers of Tombstone* (Frank Walters, 1960) が世に出て疑問符が付けられて今日を迎えているのだが、フォードが『荒野の決闘』を作った時代には、権威あるワープの伝記としての声望は揺らいでいなかった（一度は酷評され、地に落ちたかに見えたスチュアート・レークの原作は、よくその内容を検証してみると、評価すべきところもあるとして、再評価する研究者も昨今は出てきているのが実情らしい）。

フォードも、自分が監督する『荒野の決闘』が、当時のワイアット・アープ物語のベンチマーク（基準点）とされていたスチュアート・レークの原作に照らして、大きく乖離していることを気に病むようになっていた。

このため、映画の製作準備段階で、フォードはザナックに「登場人物の名前を実名ではなく架空のものにしてはどうか」と申し出ている。ザナックは、しかし、さすがに最高責任者であり海千山千の興行主であった。登場人物や歴史的事件の真正性の香気が、他の凡庸な西部劇から『荒野の決闘』を一層際立たせることになるだろう、との思いから、彼はフォードの意見を受け入れなかった。

自分はワイアットのこともOK牧場のこともよく知っていると自信に満ちていたフォードが、歴史的真実の精度を高めると言いながら、実はまったく自分たちのイメージを膨らませた物語を作り上げてしまい、真実からの逸脱に不安を覚えて登場人物の名前を架空のものにしたいと思い込むようになっていくのである。ここには、フォードという人間の、興味深い自家撞着ぶりを読み取ることが出来よう。

そんな彼が、最後に、ワイアットとクレメンタインが町にとどまり、ともに長く暮らしたのが本当の話で、それを実は描きたかったと言い張るところに、彼のあまりに人間的な執着を見、繰り言を聞くような気がする。

彼は疑いなくザナックに恨みに近い感情を抱いていたのだ。ザナックのせいで『荒野の決闘』は自分の意に満たない映画になってしまった、とフォードは思い続けてきたのだろう。彼の言辞の端々から、彼自身あまりこの映画を気に入っていないことが窺える。恐らく、彼のそうした鬱積した思いが「私はあんな風に映画を終わらせたくなかった」という言葉を吐かせたのであろう。

もっとも、史実がどうであろうと、フォード自身がこれだけ自分の意図したラスト・シーンにこだわっていたということは、つまり、歴史に「If」は禁句であるが、かりに第一稿の脚本通りに『荒野の決闘』が作られたとしたら、私たちは映画の最後に、ドクの墓石の近くで、ワイアットとクレメンタインがトゥームストーンでともに生きていくことを誓い合うハッピー・エンドを見ることになっていたはずである。

どちらが良かったのだろう、ハッピー・エンドと別れのラストでは？

人それぞれの考えと好みがあるだろうが、私は別れのほうを取りたい。

それは、別れのほうが、映画全体の映像が喚起する想念に照応しているし、言葉で言い表すことの出来ない情緒を生み出しているように感じられるからである。ラスト・シーンに満ちている詩的な香りは類いなくかぐわしい。

別れのシーンのキーワードは「何も言えませんわ」というセリフである。「何も言えない」というのは「ことばでは適切に表現出来ない」ということだ。映画というのは、千万語を費やしても言い尽くせない情念を映像で表現するところにその勘所がある。別れのラスト・シーンは、このたった一言によって、97分の間の映像（イメージ）表現で触発された感性を解き放ち、私たちの心の中に名状しがたい想念の小宇宙を出現させたのだ、と私は強く信じている。

❖ザナック、乗り出す

さていよいよ、ザナックによる再編集の話に移ろう。

この節は、ロナルド・L・デーヴィスの*John Ford: Hollywood's Old Master* (University of Oklahoma Press)、ジョセフ・マクブライドの*Searching for John Ford* (Faber and Faber) 及びスーザン・ドールの投稿記事*Darryl F. Zanuck and My Darling Clementine* (Movie Morlocks, TCM) を導き手として筆者がまとめたものである。

撮影が終わり、フォードが編集した『荒野の決闘』を製作者のザナックに提出した後のことだ。

ロナルド・L・デーヴィスによれば、ザナックは、フォードの編集したもの、つまりオリジナル・ヴァージョンに不満足で、翌日、思いのこもった次のようなメモを書いてフォードに送った。

私は２００万ドル以上の『荒野の決闘』に対する経費の支出を許可した。私は貴職が要請した撮影日数についてもＯＫを出した。そして貴職もご承知のように、貴職が求めた俳優はすべて承認した、それが端役であれ重要な役であれ。貴職は素晴らしい多くの個々のエピソードやシーンを生み出してくれた。貴職は確かに素晴らしい西部劇の傑作を作ったし、多くの登場人物の描き方は貴職の作品の中で最上のものである。しかし、現状のものは、全体としてみれば失望を感じざるを得ない。我々は最後の最後まで「最高級」でなければならない。〈筆者訳〉

ザナックが支出を承認した２００万ドルというのが、どれほど気前のいい金額であったかは、当時の平均的な映画一本の製作費がおよそ90万ドルであったことを考えれば納得出来よう。フォードは、尖峰が奇観を呈するモニュメント・ヴァレーの平原にアリゾナの町、トゥームストーンを再現すべく見事なセットをこしらえた。その費用だけで25万ドルに達したという。かつて、ある日本の映画評論家が、『荒野の決闘』について、Ｂ級西部劇でも、ジョン・フォードの最盛期の力量をもってすれば、このような傑作を物することが出来るのだ、と書いていたが、『荒野の決闘』はＢ級西部劇どころか、ザナックが惜しみなく金をかけて最高の作品を目指した西部劇だったのである。

ジョセフ・マクブライドは語る。

ザナックは、フォードに対して、映画の編集を自分にまかせるように迫った。もちろんフォードは不同意であったが、ザナックは製作者であり、最終的な編集権は彼が握っていた。フォードがかつて監督した『怒りの葡萄』(1940年)や『わが谷は緑なりき』(1941年)も、再編集はザナックが引き取って行ったものであった。

ザナックはこうしてフォード・ヴァージョンを大幅に削ってしまった。加えて、脚本に手を入れ、幾つかのシーンを撮り直した。撮り直しを行ったのは監督のロイド・ベーコンだった(クレジット・タイトルの中に彼の名前はない)。

❖再編集が作品にもたらしたもの

ザナックの手直しから言えることは、彼はフォードの悠長なスタイル、ムードと装飾音符(grace note:もとのある音をきらびやかに聞かせるためにつける細かい音符のこと)に偏り過ぎていることに我慢がならなかったようだ。ザナックの再編集によって、散見されるユーモラスなシーン(切り取られたフィルムの大半を占める)や冗長なシーンがそぎ落とされ、物語は全体として引き締まったものとなった、と言われている。

フォード・ヴァージョンは現存していないので、それを現実に見ることは不可能であるが、前述した「非公開試写版」はフォード・ヴァージョンに比較的近いようだ。「公開版」はその「非公開試写版」よりおよそ10分短縮されたものになっている。この「非公開試写版」を見れば、フォードの編集したものがどのようなタッチとトーン（雰囲気・気分）を持ったものであったかのおおよそが想像されよう。すでに述べたように、今日私たちが購入することの出来る『荒野の決闘』のＤＶＤは二つのヴァージョンの２枚組になっているので、私たちは自宅でその比較検証をすることが可能だ。

「非公開試写」というのは、公開前に、映画会社がジャーナリストや専門家などを招いて開く試写会のことで、招待者の反応や彼らが書いてくれる感想のコメントがその映画の命運を告げる託宣になったり、マーケティングの方策の一助になったり、あるいは、最後の化粧直しのヒントをつかむ機会にもなったりする。『荒野の決闘』の試写を見た２０００人の観客は、映画の最後で笑い声をあげたのであった。それは、ワイアットがクレメンタインと握手を交わして去っていくシーンを見ての観客の反応であった。「握手だけで別れてしまうなんて！」と観客は思ったのだろう。

映画は観客のものであるという信念を持つザナックは、このため、最後の編集作業の一つとして、別れ際にワイアットがクレメンタインの頰にキスをするシーンを急遽撮影して挿入した。これが、公開版にあるヘンリー・フォンダによるキスの場面である。

私は中学生のころから、映画を見る時にはその映画を作った監督が誰かを最も重視してきた。映画を構成する要素（素材）は、脚本、俳優、音楽、撮影など様々あるが、そういうものを駆使し統合して緊密な美的な映像世界を構築するのは監督の仕事である、と考えてきたからだ。もちろん製作者がいなければ、資金や協力者を集めることが出来なくなって、その映画の企画自体が成り立たなくなる。しかし、撮影現場で映画作りの中核を担うのは監督だ。絵具やキャンバスの用意が出来ても、絵を描く人がいなければ絵画は生まれない。映画の内容とその質を決めるのは監督だと、私は今でも信じている。

それに引き換え、製作者というのは、監督の芸術的な意図を、採算や効率などの経済的観点から制約してくる資本家や実業家のイメージが強い。

❖スタジオ・システム全盛時のプロデューサーと職人芸

シカゴを拠点として文筆活動や講義を行っている、映画の歴史学者スーザン・ドールによれば、フォードが『荒野の決闘』を作った時代は、古典的スタジオ・システムの黄金時代（およそ1934〜1952年）に当たっていた。スタジオ・システムというのは、「ビッグ5」と呼ばれる少数の映画会社が、映画産業を独占していた形態を指すもので、彼らは製作・配給・興行を牛耳っていた。この時代の映画会社の経営陣である役員やプロデューサーは、製作の決定権を握っており、映画の内容や予算の使い方に対して「干渉」することが再三起こった。監督は、こういう介入の矢面に立たざるを得なかったのである。

プロデューサーと監督の対立・論争は幾つもの伝説を生んだが、わけてもザナックとフォードの角逐のエピソードは、この当時のプロデューサーがどれほどの力量を持っていたかを示す好事例となっている。

一般的には、プロデューサー側は最終的な収益の観点から介入してくるので、芸術作品としての一体性、完全性という観点から見れば、「正義」は現場を率いる監督側にあると思われがちだが、そのような考え方が支持されるようになったのは、スタジオ・システムが凋落した後の話だった、とスーザン・ドールは言う。フランスから「作家主義（auteur theory）」という思潮が入ってきて、それが支持されるようになったのである。「作家主義」というのは、映画作品を作り手の個人的で直接的な表現とみなし、映画の文体を創造し統御する演出家（＝監督）を、映画「作家」として映画製作の中心に置くというものである。スタジオ・システムが衰退する頃には、ビッグ5の映画会社の経営陣である役員やプロデューサーは、マーケティング業界や工業や金融業などの実業界出身者によって占められるようになっていた。彼らの多くは映画製作のプロセスや現場の実情に必ずしも知識や理解を持っていなかったから、露骨な効率の追求にますます拍車がかかることになった。物事が衰退していく時は、それを悪化させる更なる要因が加わっていくというのは歴史の皮肉であろうか。

ザナックが21世紀フォックスの製作総指揮者として辣腕をふるったスタジオ・システム全盛の時代には、そうではなかったというのがスーザン・ドールの見立てだ。プロデューサーの多くは真の芸術家であった、と彼女は指摘している。少なくとも当時のプロデューサーは、俳優や脚本、撮影や音楽などの全て創造的仕事に関わる人々の能力をまとめ上げていく技量や経験、映画製作のプロセスに関する見識、つまり職人技を持っていた。ザナックは、この職人技を見事に身に備えた人物だった。

特に、自らも脚本も書くザナックは、映画作りの要諦に関する哲学を持っていた。レナード・モズレーは『ザナック　ハリウッド最後のタイクーン』（金丸美南子訳、早川書房）の中で、次のようにザナックの考え方と仕事ぶりに触れている。

最も重要な要素は二つ――すぐれた脚本と頭の良い、必要とあれば冷酷無情になれる編集者で、後者はふつう撮影終了後、編集室に引きこもる彼自身をさしていた。

そして彼はまた「監督嫌いにもかかわらず、良い映画を作るにはどれだけ監督が必要な存在かよく承知していた」という。まるでザナックとフォードの関係を言い当てているような言葉だ。他方、フォードはフォードで、製作者をほとんど必要ない存在と見なしていた、というのだから二人は水と油のような関係だったろう。ザナックは、傲慢で鼻っ柱の強いジョン・

フォードとかつてあわや殴り合いの大喧嘩となるほどの「誰が意思決定者か」の鍔迫り合いを演じたことがあった。この時フォードをねじ伏せたのはザナックだった。

❖ザナックとフォードの激突

『ザナック　ハリウッド最後のタイクーン』の中の挿話は生々しい。

『虎鮫島脱出』（1936年）という映画の撮影中のことである。主演のウォーナー・バクスターのセリフ回しが南部なまり丸出しなのを、監督のフォードが気付いていないことが事の発端だった。ザナックは、スタッフから「ご注進」を受けると撮影現場に急行して、フォードになまりを治すように俳優に指導することを求めた。

「きみはタフガイだと思っていたがね、俳優のあしらいぐらい心得ていると。何とかすることだ――今すぐに」

すると突然フォードはふんぞり返り、1フィートは低いザナックを見下ろしてどなった。

「おれを脅かすのか。おれを脅かすなら、このセットに立ち入らせん。さもないと、おれが……」

フォードは「おれがここから追い出すぞ」と言おうとしたのだろう。俳優もスタッフも息をのんだそうだ。

だが、ザナックは怯むどころか、

「脅かしているのはそっちだ」

と怒鳴り返した。

「ここでは誰にもそんな真似はさせん。お前が残るかやめるか、決めるのはわたしだ。セットから放り出すときは、私がやる」

誰もがフォードのパンチが炸裂するのを予期した。ところが、フォードはついと身を引き、仏頂面のまま背を向け、ウォーナー・バクスターのところに説得に行ったそうだ。

映画プロデューサーの権勢がどれほどのものかを如実に物語る挿話である。だが、仏頂面のフォードの内面がどれほど傷ついたか、鬱屈をどれほど溜め込んだかも、想像に難くない。

「両雄並び立たず」とは古い諺だが、二人の関係はまさにそういうものだった。そしてお互いに相手を癪の種に思いながら、同時にまたお互いの力量を認めお互いを必要としていたのだ、と私は思う。まことに人間というのは一筋縄ではいかないものである。

しかし、『荒野の決闘』の再編集問題は、二人の関係を修復不可能なほどに決定的に引き裂いた。

ロナルド・L・デーヴィスは語っている。

ザナックは編集室で、フォードに更なる修正を求めた。フォードは、そのようなことを

すれば、それは自分の作品と言えなくなると異議を唱えた。〈筆者訳〉

❖公開後の『荒野の決闘』

『荒野の決闘』は、フォードと20世紀フォックスの契約に基づく最後の映画だった。ザナックは、フォードに対して年俸60万ドルという高額を保証する新たな再契約を提示したが、フォードはこれを拒絶した。そして、パートナーのメリアン・クーパーとともに１９３９年に設立を企図したものの第二次大戦で中断を余儀なくされた「アゴシー・ピクチャーズ」（Agosy Pictures）を本格的な独立系映画会社として発足させ、そこを足掛かりに戦後のフォードの映画作家としての活動を展開していくのである。

『荒野の決闘』は、１９４６年11月にソルトレークで、12月にニューヨークで公開された。一年間の興行成績は諸外国も含め４５０万ドルにのぼった。手堅いヒットとなり、フォードは頼りになる、稼げる映画監督としての評価を改めて得ることになった。

米国内では主要な賞を受賞することはなかったが、１９４８年、全イタリア映画ジャーナリスト連盟（Italian National Syndicate of Film Journalists）が外国映画の最優秀作品に贈るシルバー・リボン賞を獲得した。

『荒野の決闘』は、日本でも高い評価を得ている。キネマ旬報が２００７年に実施した西部劇ベストテンの第1位を占めた。

映画批評家ロジャー・イーバートが『荒野の決闘』の愛好家であることは既に述べたが、彼が2002年に出版した『ロジャー・イーバート　歴代映画ベスト100（The Great Movies)』の中で、西部劇で名を連ねているのは『荒野の決闘』のほかは『天国の門』(マイケル・チミノ、1981年)、『ギャンブラー』(ロバート・アルトマン、1971年)、『赤い河』(ハワード・ホークス、1948年)、『ワイルドバンチ』(サム・ペキンパー、1969年）だけである。

また先に触れたように、1989年から始まったアメリカ議会図書館による「文化的・歴史的・美学的意義」を有する映画の、アメリカ国立フィルム登録簿への登録に1991年までの3年間で選ばれた75本の映画の一本となった。

米国のウェブ上で、『荒野の決闘』を高く評価するコメントを幾つも見ることが出来る。マット・ベイリーという図書館員が「あなたの家の近くの映画館で上映されていませんが……(Not Coming to a Theater Near You)」というホームページに寄稿した次の文章などは、ほんのその一例だ。

あらゆる称賛に値する一本の映画を挙げるとすれば、それはジョン・フォードの『荒野の決闘』である。……フォードは『荒野の決闘』以前にも以降にも名作を作ったが、もし初心者のためにフォード（あるいは西部劇全般）作品の中から一本を選ばなければならないとすれば、『荒野の決闘』こそが、それに当たるだろう。フォードの視覚的スタイル、主題となる関心事、物語の語り口、人物描写の展開の仕方などをこれほど純化した形で示してくれるのは『荒野の決闘』をおいてほかにない。〈筆者訳〉

『荒野の決闘』の屋外撮影が終わると、モニュメント・ヴァレーに残ったのは、築かれたトゥームストーンの町だけだった。それは谷底に鎮座する時代錯誤の建造物で、モニュメント・ヴァレーの石柱を見物に来た観光客を面食らわせた。そのセットは、そのままの姿で残され、その所有者となった先住民のナバホ族によって映画会社に賃貸された。しかし5年後には廃品回収業者に売却され、解体されてしまったという。

❖ザナックによる再編集とは――二つの事例

この章を終えるにあたって、ザナックとフォードのストーリー・テリングの違いと音楽の扱い方の違いを見事に比較考量したスーザン・ドールの分析を、二つほど紹介しよう。

一つは、ザナックが脚本を修正して撮り直しをした、ワイアットが末弟ジェームズの墓を訪れるシーンである。

ザナックは、ジェームズの年齢を20歳から18歳に変更した。

僅かに2歳だけ若くしたにすぎないが、スーザン・ドールの指摘によれば、18歳で命を奪われる、というのはより悲痛なことなのだ。18歳というのは、大人への変わり目の時期に当たるからだ。つまり、18歳は、多くの文化的意味合いで節目の年齢なのである。20歳はそうではない。

この年齢変更は、もっと深層のレベルでは、『荒野の決闘』が第二次大戦の終結した僅か1年後に公開された、という時期的なタイミングにも関わっていた。ワイアットが、若者たちのためにもっと平和な国にするのが自分たちの務めだとつぶやく言葉は、18歳の兄弟や、息子たち、あるいは婚約者を戦争で失った家族の心と共鳴し合うものだったろう、とスーザンは推察している。

さらに、ジェームズの婚約者の名前が、ナンシーからコリン・スーに変更されたことに彼女は着目した。コリン・スーという名前には独特の「西部的な響き」があるというのである。これらの変更に伴い、ワイアット（ヘンリー・フォンダ）が亡き弟に語りかけるクローズアップのシーンが撮り直されたようだ。

このような脚本の修正は、些細な変更にしか過ぎないかもしれないが、その微妙なニュアンスの違いが観客の心に及ぼす影響を計算しているところに、ザナックの脚本家としての片鱗が示されていると言えよう。

もう一つは、クレメンタインとワイアットの出会いのシーンだ。これは、ザナックによる修正が、うまく行かなかったケースであると、スーザンはみなしている。

「公開版」では、クレメンタインが駅馬車から降りてくるタイミングに合わせて、*My Darling Clementine* の主題歌がオーケストラによって高らかに演奏されるのである。この時点ではワイアットも観客も彼女の名前をまだ知らないはずなのに。これに比べると、「非公開試写版」では、音楽の使用は、もっと静かで繊細だ。クレメンタインがチェックインを済ませ、階段を上り、ドクの部屋に入ってくるところで初めて主題歌が流れ始めるのである。しかも音量は控えめで、慎ましやかだ。「非公開試写版」はフォード版とみなすことも出来るので、フォードが、このシークエンスで用いた微妙な音楽の使い方のほうがより自然な感じがすると言えよう。さらに音楽をそのように繊細に扱うことによって、馬のいななきやブーツの音など、西部の町の自然な情景の中にあふれる、いわば生活音を映画の中で観客に聞き取ってもらうことも出来るのである。

ザナックの音楽の扱いは、映画の劇的な展開を示すうえでは有効だが、西部の町の日常生活の感触を伝える場合には適していないのかもしれない。

『荒野の決闘』は、ザナックの再編集がすべて奏功したわけではなかった。しかし、ザナックの信念と手法は吹き込まれた。二人の気まずい対立があったにしても、フォードは監督としてフォード流の手法とスタイルを存分に発揮したし、ザナックは、古典的スタジオ・システムのプロデューサーの中でも飛び切りの芸術家としての力量を惜しまずに注ぎ込んだ。二人の力のベクトルは、反対方向を目指しているわけではなかった。もしそうであったのなら、作品はとんでもない駄作か恐ろしく均衡を欠いた代物になっていたはずである。その意味では、彼らは戦いながらも力を合わせて高みを目指し、西部の伝承を最高傑作に作り変えたのだ、と言うことが出来よう。

どれほどザナックが優れていようとも、再編集の土台となる「郷愁の諸相」を追求したフォードの豊穣な挿話と人物造形、そして詩にまで昇華した映像表現が無ければ、彼の腕を生かすことは出来なかったはずである。『荒野の決闘』はやはりまごうことなきジョン・フォードの比類のない映画なのである。

◆1950年代までのワイアット像

ワイアット・アープを主人公にした映画はかなりの数にのぼる。

1932年の*Law and Order*（死の拳銃狩）（エドワード・L・カーン監督、ウォルター・ヒューストン主演、製作はユニバーサル、原作はW・R・バーネットの*Saint Johnson*）から1994年の『トゥームストーン』（ジョージ・P・コスマトス監督、カート・ラッセル主演）までテレビ番組も含めると二十数本が作られている。

その多くは1930年代から50年代に製作された。

量産が始まったのは、スチュアート・レークが*Wyatt Earp Frontier Marshal*を1931年に出版してからだ。この本は、当時の米国人に歓呼の声を以て受け入れられた。レークが描いたワイアット・アープ像は1930年代の米国人が求めていた法執行官の理想像に見事に合致し、ワイアット・アープは米国人の希望の星、シンボル的なヒーローとなった。1929年に米国を襲った大恐慌は、経済社会を不況の大混乱の中に引きずり込んでいたし、1920年から施行された禁酒法は、その行き過ぎた規制によって逆に密造酒やギャングの不正を横行させ、これらに倦み疲れた米国人の間には、米国社会は機能不全に陥ってしまったのではないか、という危機感と不安感が広がっていたのであった。こうした状況下で、改めて人々は西部の辺境に関する多くの文献に関心を示すようになっていた。危機の時代には、人々は自らの原点を探ろうとする。依拠すべき伝統的な価値観を求めるからであろう。レークの著作の中のワイアット・アープは、人々が求める最も重要な価値観を体現した理想像であった。冷静沈着で剛毅、恐れを知らずに信念を貫く辺境の正義の執行者。

しかし、その評伝は、実はレークがワイアット・アープの生涯を磨き立てたものであった。今日では、それは、西部の最初の北部出身のガンファイター、ワイルド・ビル・ヒコック伝説の大建造物の上に築かれた神話的物語とみなされている。ワイアットは、イリノイ州生まれであるということでヒコックのヤンキー性を継承し、牧畜業の町のスーパー警官であったという経歴の点でヒコックと共通点を持つものとしてレークはワイアットを描いた。

しかも、そのワイアット像は、西部の有名な次のような伝説的人物の要素が加えられ調合されて出来上がったものであった。ワイアットのドッジ・シティ時代の同僚、法の執行官仲間であった高名なバット・マスターソン、ビル・ティルマン、チャーリー・バセット、ニール・ブラウン、そして兄のヴァージル・アープ、それに堅い友情で結ばれたドク・ホリデイである。これだけ傑出した法の執行官やガンファイターの要素を重ね着したワイアットがフロンティア・マーシャルとしての光輝あるシンボル性とオーラを獲得したのも肯《うべな》ることであったろう。スチュアート・レークは抜け目のない商売人でもあった。

レークがワイアットを磨き上げたもう一つの実際的な狙いは、ハリウッドにワイアット・アープを売り込むためでもあった。

◆スチュアート・レークの呪縛

Wyatt Earp Frontier Marshal 出版のすぐ後で、レークはこの本の映画化の権利を20世紀フォックスに、7500ドルで売り渡した。この時、レークは、その契約書の中に、ワイアット・アープについての映画を作るときはそのすべてに彼のクレジットを載せることという条項を盛り込ませた。彼はアープの映画が必ず世間の注目を集めるとともに自分の名前もそれに寄り添うことによって、死ぬまでワイアット・アープの映画に影響力を及ぼすことが出来ると皮算用をはじいていたのだろう。彼の目論見は的中した。

20世紀フォックスが、ジョージ・オブライエン主演の *Frontier Marshal*（国境守備隊）を作ったのは1934年であった。この映画は、特別の大ヒットをしたわけではなかったが、ハリウッドの西部劇製作部門は、トゥームストーンにおけるアープとカウボーイズの争いをテーマにした西部劇をその後続々と作り出していった。20世紀フォックスは1939年にアラン・ドワン監督、ランドルフ・スコット主演で *Frontier Marshal* を再映画化し、人気を博している。

しかし、こうして作られた作品に共通しているのは、ワイアット・アープの人物像や彼に関わる歴史的事件が、その一面だけをかなり都合よく取り出して作り上げられた換骨奪胎の代物であったということである。ハリウッドにとって、ワイアットの物語は、いかようにも作り変えることの出来る重宝な英雄伝であったのだろう。

スチュアート・レーク自身も、謹厳な歴史研究者ではなかった。前述したように、ワイアット像を、彼自身のほかにバット・マスターソンなどのパーツを用いて組み立てたスチュアート・レークは、ワイアットの歴史的記録を都合よく曲げて映画に合わせることに躊躇しなかった。

もう一つ、ワイアット・アープの物語が「一般化された西部のヒーロー映画」になりがちだった理由は、ワイアットの事実上の妻であったジョセフィーンが「夫の姿がスクリーンで歪曲されて描かれる」ことを恐れて、頑強に映画化に反対したからであった。映画会社は穏便にことを進めるために、ワイアット像を一般化させたのであった。

１９３９年の*Frontier Marshal*の中でワイアット・アープを演じたランドルフ・スコットは、多くの映画鑑賞者に、初めて明確なワイアットのイメージを提供した、と言われている。これを見たワイアットの家族の中には、スコットがこれまでワイアット・アープを演じた役者の中で最も本物に似ていると感じた人もいた。もっとも私は、ランドルフ・スコット演じるワイアットは強烈な個性を発していたとは思わない。むしろ、シーザー・ロメロのドク・ホリデイに哀切な悲劇性があって映画の基調を支配していたのは彼のほうだった。

戦後、ワイアット像の形成に大きな影響を与えたのは、『荒野の決闘』のヘンリー・フォンダと『OK牧場の決闘』（ジョン・スタージェス監督、1957年）のバート・ランカスターだろう。ヘンリー・フォンダについてはすでに述べているので、ここではバート・ランカスターのワイアットについて少し触れる。『OK牧場の決闘』はジョン・スタージェス快心の、大ヒットした西部劇で、ランカスター演じるワイアットは多くの観客の心にその人物像を刻んだのは間違いない。ところが、仕事に恋に大活躍のワイアットなのだが、その印象を一言で言えば、強過ぎて正義漢過ぎて、あまりに理想の人間像過ぎるのである。実は、クレジット・タイトルにこそ、スチュアート・レークの名前は表示されはしなかったものの、彼は実際は助言者としてこの映画に関わっていたのだった。クラントン逮捕に及び腰の旧友の保安官をどやし付けるなど、正義の執行に執念を見せるワイアットを、彼はまるでプリーチャー（伝道師か説教師）のように演じている。映画の中のワイアットは肉親愛に満ちているばかりか、敵側のクラントン一家の末弟にまで気遣いを示すなど情の深さも併せ持ち、奇妙な因縁で知己となったドク・ホリデイと手を組みながら敵を倒していく姿に男くささを匂わせている。そしてまた、美人の女性ギャンブラー（ロンダ・フレミング）と恋を語ったりもするのであるが、それらはすべてどこか紋切り型で、全体としてワイアットは堅物の「まじめ人間」として描かれ、人間味に欠けていたように思う（これと好対照をなすのが、言いたい放題やりたい放題を地で行く悪たれのドク・ホリデイを演じるカーク・ダグラスの魅力だった）。

ランカスターが演じたのは、あまりに単純化された正義と無敵の強さの化身そのもののワイアット像ではなかったろうか。それは、スチュアート・レークが作り出した*Wyatt Earp Frontier Marshal*のワイアットのイメージをそのまま引き継ぐものであった、とも言えよう。

レークが亡くなったのは1964年であったが、彼は自分の死の間際まで、単純化されすぎた正義のワイアット像を映画に吹き込み続けたのだった。彼が助言者となったもう一つのドラマがあった。*The Life and Legend of Wyatt Earp*（保安官ワイアット・アープ）というテレビドラマで、1955年に始まりなんと1回30分のエピソードが226回、6年以上も続いた（日本では、1961年から1965年まで日本テレビで放映された）。

ワイアットを演じたのは細身の好男子ヒュー・オブライエンであった。このドラマは、西部劇連続ドラマとして最高の成人視聴率を記録したばかりか、子供にも高い人気があった。ついに、ワイアットはお茶の間の人気者になったのであった。このテレビドラマのワイアットは、レークの*Wyatt Earp Frontier Marshal*に大雑把な形で依拠していて、そのイメージは「強く正しい正義の味方、ワイアット・アープ」であった。

◆1960年代以降――こき下ろしの時代

レークの死は、神話的ワイアット・アープ伝説の終わりを告げるものだった。

60年代は、米国における大変動の幕開けの時代となった。伝統的価値観はひっくり返され、これまで高貴なもの、権威あるものとみなされてきた社会的文化的シンボルや言説、思想、歴史観がやり玉にあげられた。その偶像破壊のエネルギーは巨大だった。

ワイアット・アープもその洗礼を受けた一人となった。

1960年、フランク・ウォーターズ（1902〜1995年）の書いた一冊の書物*The Earp Brothers of Tombstone*が発表されるや、これまでのスチュアート・レークのワイアット像は光を失い、それに置き換わるようにウォーターズの指弾する「悪い」ワイアット像と修正された西部開拓論が人々の意識の中に浸透するようになっていった。1960年代から1990年代の間に世に出たワイアットとトゥームストーンに関するあらゆる著作物および映画で、ウォーターズの影響を被ることのないものは一つもなかったと言われている。

この本は、ワイアットの兄ヴァージルの未亡人アリーのメモワールという形で発表された。その中でワイアットは邪悪な賭博の名人であり、殺人者であり、さらに、ジョセフィーンと目に余るふしだらな関係を続けるいかがわしい人物として描かれた。

アレン・バラによれば、ウォーターズは、「万物は霊的な本質を持つ」という、土着の米国先住民の独自の哲学・世界観の信奉者で、物質至上主義のイデオロギーの対極の立場に立った。米国の西部開拓の歴史を、土着の文化や環境を破壊する侵略行為と見る点では反マニフェスト・デスティニー主義者であった。ウォーターズは、ワイアットを、バッファローを殺し、大平原を傷つける「征服という巨大で威圧的な破壊力」のシンボルとみなした。彼は、著作を通じて、ワイアット・アープの「うそ」(lie)を暴くことによって、アメリカ西部開拓神話の核心の「虚偽」と彼がみなすものを白日の下に晒そうとしたのであった。

ウォーターズは、ピューリッツァー賞の受賞者でもあり、社会的評価も受けている歴史家であったので、彼の言説の影響力は大きかった。

とっさに思い浮かべるだけで、ウォーターズの主張に触発されたと思われる映画が脳裏に像を結ぶ。アーサー・ペン監督の『小さな巨人』(1970年)などはその典型的作品だろう。そしてまた、新聞記事で読んだ話だが、俳優のマーロン・ブランドのことも思い出す。彼は自分が所有している土地を先住民に返したのだった。

ウォーターズの哲学がどうであれ、今日、「先住民は未開な蛮族で、正義は開拓者や騎兵隊にあった」ということを単純に信じている人は米国でも日本でもほとんどいないだろうから、ウォーターズの本はその後の時代の思潮の流れを作るほどのインパクトを持っていた、と言えそうだ。

しかし、従来の西部開拓の歴史観をひっくり返したウォーターズではあったが、「虚偽の西部開拓神話」の象徴として、ワイアット・アープ一身にその責めを負わせたのは、どう見ても無理があることだった。

アレン・バラは、ウォーターズの本を子細に分析し、ワイアットを悪しざまに描く根拠となる証拠を探したが、ほとんど何も発見出来なかった、と言っている（彼はウォーターズに電話取材をしたり、彼が書いた文書類にも目を通したりしている）。彼は、ウォーターズの著作を「人をだます詐欺的なもの」と断じた。

バラによれば、最近はウォーターズの誠実さに重大な疑問符が付くようになって、出版される書物の中で彼の描くワイアット像を捨て去るものも出てくるようになっている、とのことである。

もっとも、ワイアットに関する記述が虚偽あるいはねつ造に類するものであったとしても、ウォーターズの歴史観が社会的思潮になってしまうと、その思潮を変えるのは容易なことではなかろう。問題は、事実の是非よりも、ものの見方・考え方に関わることだからだ。

ウォーターズの影響は、60年代のワイアットを扱った映画に色濃く反映されることになった。ジョン・フォードの『シャイアン』（1964年）に登場するワイアットは、ポーカーに現《うつつ》を抜かす金の亡者で、荒くれどもを本気で取り締まる気もない保安官だ。これまでのアープ映画の中で最も性格の悪い人物となっているし、描き方も戯画的で、ワイアットのみならずドクもカウボーイたちも相当におちょくられている。18年前の『荒野の決闘』では、冷静沈着で剛毅に悪に立ち向かい、淑女に対しては恭しい騎士のようであったワイアットの、なんという変わりようだろう。フォードは、皮肉っぽくてシニカルなデバンカー（debunker＝正体を暴くこき下ろし屋）になってしまったのだ。

◆『墓石と決闘』——暗いワイアットの登場

ジョン・スタージェスも、ワイアット神話の覆《くつがえ》しの時代を迎えて、前作『ＯＫ牧場の決闘』のワイアットの正義の法執行者のイメージから「過剰な部分」をそぎ落とした彼の実像を抉り出そうとして、１９６７年『墓石と決闘』を作った。レークはすでに3年前に他界し、彼の呪縛から解き放たれていた。

映画の冒頭に、「これは真実の物語である。このようにしてことは起こった」という説明文が現れる。その言葉通り、映画はいきなり決闘の場面から始まる。『ＯＫ牧場の決闘』では決闘で映画は終わっていたのが、この映画では、それが物語の発端になっている。映画は、アープたちの裁判、復讐の追撃を盛り込んでいてこれまでのワイアットの映画よりも史実に配慮しているが、相変わらず決闘の場所がＯＫ牧場であったり、肝心の「カウボーイズ」のリーダー役のカーリー・ビル・ブロシアス（ジョン・ボイト）が頭目としては登場せず、親分はアイク・クラントン（ロバート・ライアン）に設定されたりしている。ワイアットは、ドクと一緒にアイクをメキシコまで追跡し、最後に彼を一撃のもとに倒すというフィクションの筋立てである。どう見ても全体としては真実の物語にはなっていない。

しかし、恐らくスタージェスが描きたかったのは、復讐の鬼と化したワイアットのどす黒い執念と非情さであったろう。ワイアット役の寡黙で無表情なジェームズ・ガーナーは、敵を追い詰め殺害していくその冷徹なアクションがすさまじいだけに、一層報復の凄味を際立たせていた。入魂の演技と言えるだろう。一方、渋くてシニカルで年を食ったドク・ホリデイ役のジェイソン・ロバーツもいい味を出していて、正義の「仮面」をかなぐり捨てていくアープの「偽善」をなじりながらも最後まで行動を共にしていくドクの男気を、飄々と演じていた。ジョン・スタージェスの、ドライでハード・ボイルド・タッチのテンポのいいこのワイアット映画は、彼の腕の冴えと気迫がこもっていて見事であった。

もっとも、これがワイアットの神話をこき下ろす反アープ的な映画かというと、どうもそのようには思われないが、これまでの映画のワイアット像と比べるとその色合いは最も暗かった。その暗さが、さらに陰惨の極みに達したのが、1971年に公開された『ドク・ホリデイ』だった。この映画は、ウォーターズの思想・哲学をそっくり継承したワイアットこき下ろしの映画と言うよりも、確かに西部開拓を否定的に見てはいるが、むしろ、ワイアットを、ベトナム戦争を主導した帝国主義的米国のリーダー、リンドン・ジョンソン大統領に擬しているところに特徴がある。米国の60〜70年代にかけての反戦思想に基づくワイアット批判という極めて政治的なメッセージ性の濃厚な映画であった。そういう視点から、ワイアットを極悪人とする映画はいまだかつて作られたことはなかったし、今後も恐らく生まれてくることはないと思われるので、いささか詳しくこの映画を論じてみたい。

◆ワイアット・アープ極悪人説と映画『ドク・ホリデイ』

(1) 冷徹な野心家ワイアット

『ドク・ホリデイ』の中のワイアット・アープ（ハリス・ユーリン）は、トゥームストーンの法と秩序を牛耳ろうとする冷徹な野心を持つ政治家として登場する。アイクとビリー・クラントン、いとこのフランクと弟のキッド、そしてジョニー・リンゴーはワイアットの目には、彼の目論見に仇をなすごろつきか虫けらのように映っている。

ドク・ホリデイ（ステイシー・キーチ）は、ワイアットに呼ばれてトゥームストーンにやって来た。ワイアットは自分の野心を実現するために腕の立つ用心棒としてドクが必要であり、また博才のあるドクに胴元となって荒稼ぎをしてもらおうとの魂胆から彼を呼び寄せたのだった。二人でタッグを組めば、政治権力だけでなく濡れ手に粟の経済的利益を得ることが出来るというわけである。二人の間にはこれまで深い友情の絆があったのだ。

しかし、ドクはワイアットの意に沿って動く操り人形ではない。肺病を病み歯科医師の仕事を捨てて、東部から流れてきたさすらい人でギャンブラーだ。人を幾人も殺してきた。社会的には受け入れられない疎外された人間であり、いかに生きるべきかで苦悩している。アヘンも吸っている。60年代のドロップアウトの典型を地で行っている。

(2) 生きる証しを求める漂泊のドク・ホリデイとその恋

ドクはトゥームストーンへの旅の途上でたまたま知り合った娼婦のケイト・エルダー（フェイ・ダナウェイ）に惹かれる。強い自我と情熱を秘めた彼女に、生まれて初めて愛を感じたドクは、強引に彼女を娼館から連れ出し石と土で作った粗末な家を愛の住み処として生活を始める。ケイトは社会の周縁で非道徳な人生を生きてきた女だ。彼女は社会の常識からみれば反倫理的人間だが、しかし自分の生活に疚しさは抱いていない。むしろ、健全な市民が通う教会を軽蔑し、上品ぶった人々や偽善的社会に背を向けている。この辺は、極めて現代的というか、1960年代のニュー・シネマの持つ雰囲気と要素が濃厚に感じられる。ドクとケイトが緑の野原に寝転ぶシーンなどまるで『俺たちに明日はない』（アーサー・ペン、1967年）を彷彿とさせる。

ケイトはドクとの二人の愛のためにどこか遠くに行こうとドクに迫り、ドクもそれに応えようとするが、踏ん切りがつかない。二人だけの生活に憧れはあるが、いつ尽きるともしれない命のこと、そしてまたこれまでの世間に背を向けた孤独な過去を思うと自信が持てないのだ。そこでまたアヘンに逃れる始末。ケイトはこれを知って激怒しドクを見捨てる。ドクが自嘲的でいじいじした男であるのに対して自己主張を貫こうとするケイトの強さが際立っている（まさにフェイ・ダナウェイここにあり！　である）。これまた60年代のウーマンリブの風潮のあおりを受けたものなのか。

ワイアットからすれば、悩むドクがもどかしい。彼は権力を握ることしか眼中になく、郡保安官に立候補する。郡保安官はトゥームストーンの管轄権限を持つ立場だからだ。

折しも、駅馬車の金塊強盗事件が起こる。その犯人はクラントン側のジョニー・リンゴーであることを突き止めたワイアットは、犯人を引き渡せばその懸賞金を譲るとの取引をアイク・クラントンに持ちかける。こうして太っ腹なところを見せれば、郡保安官選挙で支持を獲得出来ると思ったのだった。だが、この裏取引は意図せざるドクの行為で挫折し、ワイアットは一気にけりをつける作戦に出る。策略家のワイアットは、取引の失敗はクラントン側にある、保安官を買収しようとしたのは彼らなのだと挑発する。激怒したクラントンたちはトゥームストーンに乗り込んでくる。これがこの映画のOK牧場の決闘に至る経緯だ。

ドク・ホリデイはどうかというと、ケイトに愛想をつかされ、彼女とは口も利かずに別れる。そして、なぜかアープ兄弟のところに来るのである。ワイアットとともに戦うために。彼に対する義理だてなのか捨て鉢なのか、それとも彼のこれまでの生き方のように成り行き任せなのか、どうもその理由がよく分からない。この映画の欠陥は、ドクの行動に感情移入が自然に伴わないことである。作り物か生煮えのせいだろう。つまり、ドクを弄《いじく》りまわし過ぎたので、史実という鋳型にはめるのが少々無理筋になったのだ。

⑶ ショットガンによる皆殺し――OK牧場の決闘

予想通りやってきたアイクたちをアープ兄弟は、ドクも加えてショットガンで皆殺しにする。アープ側もモーガンが命を落とす。これが周到な虐殺であることは、アイク・クラントンが、ワイアットたちがショットガンを携えているのを見てぎょっとすることからも読み取れる。ワイアットは決闘の後、集まった市民たちに、弟のモーガンがクラントンたちによって殺害されたが彼らを一掃したので、これから力を合わせてトゥームストーンをよりよい町にしよう、と一席ぶつのである。しかし、決闘ではワイアットの側に立ったドクは、トゥームストーンの町から去っていく。彼が求めるのは政治的な野望の実現ではなく、人生の意義――生きた証《あか》しを求めることであった、というわけである。

『ドク・ホリデイ』の脚本を書いたのはピート・ハミルである。彼は山田洋次の名作『幸福の黄色いハンカチ』（1977年）の原作者だ。彼はベトナム戦争に対して反戦を貫いた反骨のジャーナリストだった。その想いを仮託したのがこの映画だったといえよう。ハミルは、ベトナム戦争に介入して泥沼にはまった帝国主義的アメリカの象徴としてワイアット・アープを捉えた。

だから『ドク・ホリデイ』は、徹底したデバンキングの、最も極端な反アープ映画と言うことが出来る。しかも、その反アープ性は、アープが好きか嫌いかという好悪の感情や彼が道徳的に正しいかどうかという単なる倫理的判断ではなくて、歴史観や社会観といったイデオロギーに関わる立場に基づいている。

(4) 米国帝国主義の象徴としてのワイアット・アープ

一言で言えば『ドク・ホリデイ』は、マニフェスト・デスティニーを現代的視点から否定した映画である。マニフェスト・デスティニーというのは、前述したように、「米国の領土拡大は神の意志である」という考え方を示す言葉である。

ピート・ハミルはベトナム戦争における米国の関与を帝国主義的とみなしてマニフェスト・デスティニーに「ノン」を唱えた。以下は、出版された脚本の序文でハミル白身が述べていることである（引用はアレン・バラ著 *Inventing Wyatt Earp—His Life & Many Legends* から）。

我々（ハミルとフランク・ペリー〈『ドク・ホリデイ』の監督〉）は、歴史の概要から、ワイアットは後にでっち上げられたような伝説的人物などでは全くないことを学んだ。彼は政治家であり、弱い者いじめであり行く先々で町を乗っ取り鉄道の路線を拡張した人物だった。

我々が証拠となる資料に目を通せば通すほど、西部の神話のすべて、ヒーローたちの伝説が嘘であることが明らかになった。それを正すことは意義のあることだった。もし米国が、一つの嘘であっても望ましくないものを取り込んだがために窮地に立たされたのだとしたら、我々が真実を伝えようとする一つの映画を作ることも許されよう。

〈筆者訳、（ ）内も筆者注〉

ここでハミルが言わんとしているのは、泥沼のベトナム戦争の根本原因は、間違ったマニフェスト・デスティニーの英雄たちが犯した不正にある、ということである。ハミルは、ジョンソン大統領の間違いを正すためにはワイアット・アープの犯した間違いを明らかにする必要がある、と考えたわけであった。

ＯＫ牧場の決闘をベトナム戦争になぞらえるならば、敵側のクラントンたちは、「ベトコン」と蔑称された「反サイゴン政権・反アメリカ政府、反帝国主義」を標榜する統一戦線組織と言えないこともない。この伝でいけば、ドク・ホリデイは、さしずめベトナム戦争で傷ついた米兵といったところだろう。「殺人はもうまっぴらだ」と言ったり麻薬に溺れたりするところは魂に変調をきたしたベトナム帰還兵のイメージにもだぶる。

⑸ アメリカン・ニューシネマの系列――60年代の風潮を体現したドク

映画的に見れば、『ドク・ホリデイ』は、60年代以降に作られた多くのアメリカン・ニューシネマの、「社会からのドロップアウト」を描いた映画の系列に属するものとも言えよう。特にドクについてそのことが当てはまる。

アメリカン・ニューシネマに連なる、当時は話題をさらった作品は幾つもあるが、今日まで命脈を保っている作品はあまり無いように思う。その中で衝撃的な『俺たちに明日はない』は今日でも評価されている傑作ではあるが、監督のアーサー・ペンは自分の作品ながらあまり積極的に評価していないようなのだ。「(この映画以降) ハリウッド映画で暴力がむき出しになっていく。(『俺たちに明日はない』は) そのきっかけを作ったという人もある。少し辛い。もう二十年近く、私はこの映画を見ていないのです」と自作に懐疑的なのだ。(『世界シネマの旅1』朝日新聞社、1992年。〈( ) 内は筆者注〉)。この映画の社会的影響を憂慮したのだろう。

映画の主人公で銀行強盗のクライド (ウォーレン・ビーティ) の義姉役を演じてアカデミー賞助演女優賞を獲得したエステル・パーソンズも「アウトローの肩を持ち、社会のルールを無視しろと訴えたのはよかったかどうか」と、この映画に疑問を口にしている (前掲書)。

反戦運動が社会を揺るがし、社会に反逆し、ドロップアウトを志向する若者の生き方が支持された米国60年代。だが、時が過ぎその熱狂が引くに従って、社会に背を向ける反社会性は袋小路に入ってしまったのだ。

『ドク・ホリデイ』はその時代の申し子のような映画だった。

ワイアットを徹底的に悪人に作り上げるために、史実をつまみ食いし、イデオロギーという観念で潤色させてしまった。嘘だらけのドクという人物の性格の脆弱性と安易な時代風俗を反映させた人物造形はこの映画の致命的欠陥であり、あまりに時代迎合的であった。熱狂が過ぎ去るとそこには灰しか残らない。『ドク・ホリデイ』は、映画としてはとっくに過ぎ去った歴史上の作品になっている。

◆相反するパーツから成り立つワイアット

1950年代までのワイアットは、あまりに単純に「正義の人」の一面だけが強調されて描かれてきたが、60年代はフランク・ウォーターズの影響を受けて、ワイアットの映画は、振り子が反対側に大きく振れ、「暗く非道の人物」として、これまた一面だけがあまりに誇張されてスクリーンに投影されてきたと言うことが出来る。その極みが、観念的でデマゴーグ的なメッセージ性の強い『ドク・ホリデイ』だった。

しかし、ワイアットは、一面だけでその全体が描き切れるような人物ではなかった。アレン・バラはその浩瀚な研究書 *Inventing Wyatt Earp—His Life & Many Legends* の中で彼のことをあらまし次のように指摘している。

81歳の生涯においてワイアットは複雑な人物であった。一見すると多くの相反するパーツから成り立っている。彼は農業従事者、開拓者、荷馬車の御者、駅馬車の御者、ショットガンを持つガードマン、バッファロー・ハンター、ボクシングのプロモーター兼レフェリー、教会の助祭、材木の運送業者、サルーン経営者、ファロ（カード賭博の一種）のディーラー（親、配り手）、探鉱者、探偵、賞金稼ぎ、ボディーガード、ウェルズ・ファーゴ（金融と運送の会社）の代理人、馬の繁殖業者、映画のアドバイザー、冒険家、法の執行官など、様々な仕事に携わった。〈筆者訳〉

彼は、父親がそうであったように、「お金」の匂いをかぎ分ける本能のようなものを持っていた。バッファロー狩りから牧畜へと時代が変わると、彼は牧畜業が盛んな町から町へと渡り歩いたし、最後はブームタウンとなった銀鉱の町トゥームストーンに兄弟とともにやってきたのだった。

彼が法の執行官の仕事をした期間は、せいぜい5～6年だ。映画でよく演じているような郡保安官あるいは町の保安官（シティ・マーシャル）という行政官であったことはない。現場で治安維持に当たる保安官補か代理——つまり警察官であった。そして、第1級の法の執行官（警察官）として評価されていた。彼は暴力的な対決を回避しつつ抜け目のないやり方で治安を保つ治安官（Peace officer）だった。彼はガンファイターではなく、まして殺人者でもなかった。

彼が法の番人の仕事をするようになったのは、彼には、運搬業や護衛、バッファロー・ハンターなどの仕事の経験しかなく、法の執行官は自分の経験を生かして手っ取り早く収入を稼ぐことの出来る仕事だったからだ。それは、安定した所得を得るまでの保険のようなものであった。しかし、保険のような仕事でも、ひとたび引き受けるとワイアットは法の執行を厳正に行った。彼はリンカーンの崇拝者でユニオニストであり、反奴隷主義者であった。

ワイアットは若い時に馬泥棒の罪で逮捕されたことがある。それは彼の未来を決める岐路であった。もしお決まりの強盗や悪徳の安易な道を選べば、彼のその後はなかったろう。

ワイアットが選んだのは、まっとうに生きる道だった。そして、生きていくために必死でいろんな仕事を引き受けた。多くの若者がそうであったように。頼りになるのは、腕と度胸と才覚、それに先を見る嗅覚だった。様々な経験を積む中で、彼はそれらの資質を磨いていったのだと思われる。

賭博は1870年代から1880年代は、ほとんどの法執行官はもちろん、あらゆる職業のあらゆる信条の人々が行うものだった。賭博が禁じられるようになったのは20世紀に入ってからである。米国は改心したわけだが、ワイアットはしなかった。西部開拓が終焉し、近代社会の時代が幕を開ける頃には、賭博や試掘は過去のものになっていた。新しい時代の中で、彼は自分の居場所を失っていったのである。彼は最後にハリウッドに行き着いた。

◆ワイアット、ハリウッドに行き着く

ロナルド・L・デーヴィスは、最晩年のワイアットについて次のように語っている。

ワイアット・アープは、伝説化している自分のイメージに憂慮を覚えるようになり、「事情も知らずに作家たちが作り出した、多くの間違ったかつてのトゥームストーンの日々や彼自身の印象を正したい」と思うようになった。1923年7月7日付のウイリアム・S・ハート（当時の西部劇の大スター）宛の手紙の中で、アープは書いている。「私はメトセラ（969年間生きたとされる長命者〈旧約聖書の族長の名〉）の年まで生き延びることはないでしょう。私はこの世を去る前に間違った印象を是正したいのです。映画はそれをすることが出来ると思うのです」

不正確な話が広まり続けるので、彼の懸念は絶えることがなかった。「月日が経つと真実がいかにして歪められ誤って述べられるかは本当に驚くべきことです」と、彼は1924年に書いている。彼は著述家と共同で正しい彼の物語を書く作業を開始している。それが映画の脚本になりはしないかと望みを抱いたのだった。

1928年、健康が悪化するなかで、アープは作家のスチュアート・レークから一通の手紙を受け取った。レークはアープの伝記を書く許可を求めてきたのである。やがて作家のレークがアープと打ち合わせをするためにロサンゼルスにやってきた。その頃にはアープの頭は禿げて、口ひげは白くなっていた。「私たちは楽しい話し合いの時を持ちました」とアープはレークとの面会の結果をハートに報告している。「作家のレークは上品で謙虚な男です。どういうわけか、彼が出ていく時、私に安心感のようなものを残していってくれました。私は彼を大変気に入っています。彼は私の物語を書きたがっており、すぐにでも始めたがっています。……彼は謙虚な気取らない筆致で書いてくれるでしょう」

スチュアート・レークの *Wyatt Earp Frontier Marshal* は、アープの死の2年後1931年に出版されたが、その内容は真実をさらに歪めるものとなった。アープは亡くなる前に映画に愛想をつかしていた。……ハリウッドの映画製作者たちはワイアット・アープに助言を求めるときはいつも彼が伝えることにほとんど耳を傾けなかった。……ワイアットは映画界の人たちがことの真実に耳を傾けようとしないことをひとたび悟ると、彼が読んだ架空の物語の中の作り話で彼らを楽しませるようになった。

彼の妻によれば「アープがびっくりするほど、彼らは大ぼらの話の釣り針と釣り糸、それと錘《おもり》を飲み込む一方で、真実については常に懐疑的であった」ということである。こうなってくると、アープはこれらの「阿呆ども」とこれ以上関わりを持つことは我慢がならなかった。

〈筆者訳〉

◆ジョセフィーンの表舞台への登場

1960年代のデバンキングの時代以降、ワイアットに対する関心は薄れつつあった。1976年に、かりにグレン・G・ボイヤーが*I married Wyatt Earp Recollections of Josephine Sarah Marcus Earp*を発行しなかったとしたら、ワイアット伝説は朽ち果てていったかもしれない。この本は、ジョセフィーンの二つの回想録をボイヤーが編集したものとされているが、その回想録のうちの最初のものは存在が確認されないという、極めて乏しい実証性の上に築かれた書物で、アレン・バラはこれを「小説」とみなしている。内容の疑わしさからその是非を巡って議論の絶えない「評伝」である。とはいえ、ジョセフィーンの回想録の存在が、それまで表舞台に出ることのなかったジョセフィーンをワイアット物語の中心に近い位置に押し出すとともに、硬派の話にばかり包まれていたワイアットに、人間的な光彩を与えたのは、意義のあることだった。

悪縁の妻との不仲な関係、関係が険悪になる前のジョン・ビーハンから紹介されてジョセフィーンと運命的な出会いをしたワイアット、美貌で冒険心に富むジョセフィーンに惹かれるワイアット、そのワイアットの中にビーハンには感じることのなかった力強さを感じ取ったジョセフィーン、結果的にはワイアットにジョセフィーンを奪われたビーハン、ビーハンの嫉妬と遺恨、二人の角逐……これらがOK牧場の決闘とその後の展開に関わっていくのだ。そして、ワイアットはカウボーイズとの戦いの後、コロラドに逃れ自由の身となってサンフランシスコでジョセフィーンと再会する……。

ジョセフィーンは、自分がビーハンの情婦であったという事実が明らかになることを恐れて、長い間、舞台裏に身を潜めていた。彼女は、スチュアート・レークが、彼の本の中にそのことを記述するのを絶対に許さなかった。彼女は、ワイアットのトゥームストーンの物語におけるミッシング・リンクであり続けた。そのジョセフィーンが、ほぼ100年を経たのちに欠けたジクソーパズルの空隙を埋めたのだ。これは、この領域の歴史に興味を持つ専門家や一般の人々の知的な欲求や好奇心を満たす発見であったろう。

情報社会の現代は、偶像視されたままに人が生きることが難しい時代である。あらゆる伝説的人物やいわゆる偉人は、ことに厳しく意地の悪いボディー・チェックを免れない。高貴さであろうが、献身ぶりであろうが、その人物が身にまとう装いの内奥に経済的打算や名誉欲という俗物性が発見されると、天上から下界に引きずり下ろされる。一方で今日、聖者の住む領域と俗界の領域との間の厳格な境界線はかなり曖昧になってきている。

こうも言うことが出来るかもしれない。人はある面で聖者であるとともにある面では俗物なのだ、それが人間の証しではないかと。こうして、聖と俗は中和されるか、相対化されるのである。現代人は評判を呼んだり注目を集める人物に対して厳しい視線を持つ一方である意味で物分かりよく優しくもあるのだ。それがいわゆる「人間的」に人を見るということなのだろう。ジョセフィーンの絡みは、ワイアットとトゥームストーンの話をそういう「現代的解釈」につなげる役目も果たしているように思われる。

ジョセフィーンの回想録は、1990年代に新たなワイアット物語の2本の映画を生み出す引き金になった。カート・ラッセルとヴァル・キルマーが主演した『トゥームストーン』(1993年)とケヴィン・コスナー監督・主演の『ワイアット・アープ』(1994年)だ。

ここでは、『トゥームストーン』について触れる。

◆修正主義と見られた映画『トゥームストーン』

この映画が上映されると、多くのジャーナリストは、これは「修正主義」の映画である、とのレッテルを貼った。ワイアットの人生の基本的な事実がこれまでのワイアットの映画とはあまりにかけ離れていたので、困惑を隠せなかったのだ。事実を言えば、ジャーナリスト達は、ワイアットとトゥームストーンの真実について何も知らなかったのである。

『トゥームストーン』は、ワイアット・アープの人生の事実を少なくとも大筋で正しく描き出した最初の、記念すべき映画だった。

物語の基本的構造が、アープ兄弟とカウボーイズの対立にあること、カウボーイズという犯罪集団のヒエラルキーの頂点にいるのが、カーリー・ビル・ブロシアスとジョン・リンゴーの二人であること、隙間風の吹く妻マティとの関係に苦悩するワイアット、話の核心を担うジョセフィーンの存在、OK牧場の裏の空き地で起こった決闘の顛末、すさまじい復讐の追跡、カーリー・ビル・ブロシアスとジョン・リンゴーの死、ワイアットとジョセフィーンの恋の成就と二人の夫婦愛等々。

もちろん、すべてが史実に基づいているわけではないが、違いを論じるよりは、やっとここまで事実が映画の骨格の中に取り入れられたことを評価すべきではなかろうか。

ワイアット役のカート・ラッセル、ドク役のヴァル・キルマー、ジョセフィーン役のダナ・デラニー、カーリー・ビル役のパワーズ・ブース等々の多彩な俳優が生き生きとその人物像を鮮やかに演じていた。嬉しいことに、往年の大スター、チャールトン・ヘストンが牧場主のフッカーの役で出演していたし、ロバート・ミッチャムもナレーションを引き受けてその声を聞かせてくれた。

脚本家のケヴィン・ジャーは時代考証を徹底的に行い、当時のひげや衣装、銃や帽子に至るまで、細部を正確に再現したばかりか、ワイアットに関する古典的評伝や新聞記事などの文献を渉猟して脚本作りに生かしたようだ。

『トゥームストーン』は口コミで大ヒットとなった。クリントン大統領はホワイトハウスでの上映を命じ、これを鑑賞して称賛したという。バスケットボールのスター、カール・マローンは、ヴァル・キルマーの演技がお気に入りで、自分が所属するユタ・ジャズの試合の定期入場券をキルマーに贈ったほどだった。

その『トゥームストーン』が作られてからもう20年以上も経っているが、これというワイアットの映画は作られていない。

結ばれてからのワイアットとジョセフィーンを描く映画でも出来ないものだろうか（ジョセフィーンはワイアット同様に賭博好きだったが、博才がなく大損を出してワイアットに叱られたこともあったようだから、二人の飾らぬそういう夫婦生活は、現代の映画的テーマに十分なりえよう）。それとも、ハリウッドのアドバイザーになった晩年のワイアットの、真実の西部の話を伝えたいという切なる願望と、それが叶わぬ現実のギャップに苦悩する姿に焦点を当てた映画などはどうだろう。

あるいは、アープ組とカウボーイズの抗争の背景となっている当時の政治的状況や社会構造の重層的力学に切り込むような映画が構想されてもいいのではないか。

思いは、はるかな空を流れる雲のように、浮かんでは消え、消えてはまた浮かんでくる。

ワイアット・アープと彼にまつわる人々や出来事は、１３０年余りを経た今日でも、私たちの想像力を掻き立てることのなくなってしまった歴史上の干からびた遺物とはなってはいないのである。

あとがき

この本は、シリーズ「シネマが呼んでいる」の第3作目に当たる。『シェーン』、『真昼の決闘』と来て『荒野の決闘』に挑んだ。『荒野の決闘』を題材として取り上げるのにはいささか躊躇するところがあった。

その理由は二つある。

第一に、この映画は、ジョン・フォードの西部劇の中でも、『駅場車』とともに最高傑作と評される名画で、これを取り上げるとなると、ジョン・フォードに向き合わざるを得なくなるからである。

第二は、映画の内容が、ワイアット・アープとOK牧場に関わっているので、この映画について論究するとなると、どうしても史実としてのワイアットとOK牧場の決闘に足を踏み入れる必要が出てくることである。

二つとも、挑戦する価値のある課題ではあるものの、骨の折れる仕事になることは容易に予想された。

それでも書くことを決めたのは、この映画が、わが青春時代の最も精神的に苦しい時に心を癒やしてくれた映画だったからである。それを思うと、書かざるをえなかった。知人からは

「大変なことになったね」と同情とも懸念ともつかない言葉をもらった。

上にあげた二つの問題に対しては、次のようなやり方で対処することにした。

第一の問題については、私はジョン・フォードの生涯とその作品群を対象にすることを棚上げすることに決めた。拙著の中で言及されているジョン・フォードは、主には、第二次大戦から戦後間もないころの彼の姿や思いである。私は、『荒野の決闘』を監督するに至った経緯に的を絞った。幸いにも、ロナルド・L・デーヴィスの分厚い著作*John Ford: Hollywood's Old Master*の中の*War*（戦争）と*Back to Monument Valley*（再びモニュメント・ヴァレーへ）の章がその足掛かりを提供してくれた。

彼の全生涯とその膨大な作品について語ることなど、私の力量を超えた話ではあるが、それでも、私の極めて限定的な知識を頼りにジョン・フォードの人物月旦評をすれば、フォードというのは、人間の偉大さと卑小さを併せ持つ巨人であった、と思われる。

彼は親分で、人々を支配することを望んでいた。だから、現場の、自分の権限が及ぶ範囲で他人を罠にかけ面目を失わせようとするのだった。罠にはめられた人が自己弁明をしても、フォードの周りには楯突く人はいないから、当人の弁明は誰からも支持されず、結局本人は恥をかく羽目になった。フォードは、直接的な独裁権限を振り回す代わりに次善の策として多数決を重んじる民主主義を隠れ蓑として使った。誰もがフォードの餌食になるのではないかと戦々恐々とせざるを得なかった。こうしてフォードは人を意のままに操ったのである。

脚本家のウインストン・ミラーもフォードの罠にはまった一人だった。彼は「フォードは意地の悪い性格を持っていた。それは疑いない」と語っている。

だが、映画作家としては、彼は類いまれな足跡を残した巨匠である。これは誰もが認めざるを得ない真実だろう。

女優のキャサリン・ヘプバーンは、フォードの天才を認めていた。彼女自身がアカデミー主演女優賞を三度も獲得した大女優だったから、二人は肝胆相照らす間柄だったのかもしれない（フォードはアカデミー監督賞を4回も受賞している）。彼女のフォードについての評言ほど的確なものはないと思われるので、デーヴィスの著書から引用しよう。

私たちはお互いに無くてはならない尊敬の念を抱いているわ。彼は謎めいたところがあるけれど。彼はこれまでお目にかかった誰にもない並外れた特徴の塊よ。彼は非常にタフで傲慢だけれど、本当に繊細なの。彼がその繊細さを掌中に握りしめているのが分かる。フォードは他人が考えていることに決して煩わされたりしない。彼のように、卓越性を持って、踏み慣らされた道を歩むことなく独自の長いキャリアを維持している人など誰もいないわ。大半の人は、15年間くらいは興味のもたれる商品を一つくらい作ることは出来る。でも彼らは能力を使い果たしてしまうのよ。

フォードが最も気に入っていたのは海軍での活動の経験ね。

彼は飛び抜けて顕著な芸術的経歴を至極当たり前のことと考えていたと思う。彼は、昔のルネッサンスの名匠のような芸術的なものの見方を持っていた。彼はまさにそういう視点から映画を作ることが出来たの。議論に時間を費やすことなくね。彼は自分の仕事に絶対的な信念を持っていたし、何がスリル満点か、何が美しいか、何が独創的か、何が感動的かについて驚くほどの常識を持ち合わせていた。本能的に彼は映画産業に適した天賦の才能を持っていたのよ。〈筆者訳〉

第二の問題については、適切と思われる参考文献を見つけることが出来るかどうかが鍵になった。幸いにも、私は2年前に書いた拙著『シェーン』を通じて知遇を得た関川正利さんから『ワイアット・アープ伝』(津神久三、リブロポート)をお借りすることが出来たので、ワイアット・アープの生涯を徹底的に調べ上げたこの大部の評伝を辞書のように使わせていただいた。

もう一冊、*Inventing Wyatt Earp—His Life & Many Legends* (Allen Barra, University of Nebraska Press) も大変役に立った。私の知る限り、本書ほどワイアット・アープの生涯およびOK牧場の決闘の全貌、彼に関する文献、映画やテレビ番組等について総括的かつ実証的に検証したものはあまりないのではないかと思う。本書も辞書代わりとなってくれた。

著者のバラは、米国の著名なスポーツライターで、ウォール・ストリート・ジャーナルなどの主要な新聞の寄稿者である。そういう人物が、これほど浩瀚かつ詳細な内容の評伝をまとめているのは、壮観としか言いようがない。歴史学者や西部についての研究者でもないディレッタントが、これほど見事な成果物を生み出したという事実に圧倒されると同時に、何かにとことん打ち込めば、素人でも素晴らしいことを達成出来るということを改めて教えられた思いがした。好きこそものの上手なれ、ということなのだろうか。

二つの問題に対して、特に二番目について適切に対応出来たかというと、100%の確信はない。私が心がけたのは、実証にあまり力点を置かないことだった。出来るだけ簡潔に要点を述べるように努めた。「実証」と「話の面白さ」は、往々にしてトレードオフの関係になることがある。そのバランスの是非は、読者の心のはかりが決めることになる。

ご意見、ご叱責、ご批判なりを何なりと頂ければ幸甚に存ずる次第である。

『荒野の決闘』を書くことについて、私は心の中にあった躊躇《ためら》いを口にしたことがあった。1年半も前のことである。その時、友人の佐野靖さんから「自分の思った通りにおやりなさい」という言葉を頂いた。それが私の気持ちに踏ん切りをつけてくれた。その佐野さんが今夏帰らぬ人となった。痛恨の極みである。佐野さんのことを思うと言葉もないが、御霊に感謝を申し上げたい。

また妻にも感謝している。妻の率直なコメントは、細部にのめり込みがちになる私を、「楽しい読み物にする」という本来の軌道にたびたび引きもどしてくれた。
ウエスタンユニオンの長嶺清さんには励ましと貴重な情報を提供していただいた。トゥーム
ストーン訪問では堀ちえみさんにお世話になった。厚く御礼申し上げる。

参考文献

Allen Barra, *Inventing Wyatt Earp—His Life & Many Legends*, (University of Nebraska Press, 2008)
Ronald L. Davis, *John Ford: Hollywood's Old Master*, (University of Oklahoma Press, 1995)
Ronald L. Davis, *Paradise among the Monuments: John Ford's Vision of the American West*, (Montana: The Magazine of Western History, Vol. 45, No. 3, Popular Culture Issue, Summer 1995)
Robert Lyons, editor, *My Darling Clementine, John Ford, director*, (Rutgers University Press, 1984)
Joseph McBride, *Searching for John Ford*, (Faber and Faber Limited, 2003)
Mark Haggard, *Ford in Person*, (Focus on Film, No. 6 Spring 1971)
Jim Kitses, *Horizons West*, (British Film Institute, 2004)
Michael F. Blake, *Hollywood and the O.K.Corral*, (McFarland & Company, Inc., Publishers, 2007)
津神久三『ワイアット・アープ伝』（リブロポート、１９８８年）
レナード・モズレー『ザナック　ハリウッド最後のタイクーン』（金丸美南子訳、早川書房、１９８６年）
ピーター・ボグダノヴィッチ『インタビュー　ジョン・フォード』（高橋千尋訳、文遊社、２０１１年）
Michael Kerbel, *Henry Fonda*, (Pyramid publications, Inc. 1975)
スチュアート・レーク『ワイアット・アープ伝　真説・荒野の決闘』（鮎川信夫訳、荒地出版社、１９６２年）

Frank Waters, *The Earp Brothers of Tombstone*, (Bison Books, 1976)

Glenn G. Boyer, *I Married Wyatt Earp: The Recollections of Josephine Sarah Marcus Earp*, (The University of Arizona Press, 1998)

田中英一「追憶の『荒野の決闘』」（『素晴らしき哉！　西部劇』、『素晴らしき哉！　西部劇』発行委員会、２００３年）

Roger Ebert, *The Great Movies*, (Broadway Books, 2002)

シェイクスピア『新訳　ハムレット』（河合祥一郎訳、角川文庫、２００３年）

渡辺武信「荒野の決闘」（『アメリカ映画２００』、キネマ旬報社、１９８２年）

Susan Doll, *Darryl F. Zanuck and My Darling Clementine*, (Movie Morlocks, February 23, 2009)

Matt Bailey, *My Darling Clementine*, (NotComing.Com, July 11, 2004)

津神久三『ガンマンは二度死ぬ』（晶文社、１９８６年）

津神久三『ガン・ファイター』（毎日新聞社、１９６７年）

佐藤忠男『世界映画史　上』（第三文明社、１９９５年）

増渕健『西部劇映画一〇〇選』（秋田書店、１９７６年）

双葉十三郎『アメリカ映画入門』（三笠書房、１９５３年）

司馬遼太郎『草原の記』（新潮文庫、１９９５年）

北村洋『敗戦とハリウッド――占領下日本の文化再建――』（名古屋大学出版会、２０１４年）

青木　利元（あおき　としゆき）

JIVRI ── ボランティア活動国際研究会顧問
1941年　栃木県宇都宮市生まれ
1965年　一橋大学社会学部卒
1965～2004年　明治安田生命勤務

著書
『NPOは地域を変える ── ニューヨーク・ブロンクスの奇跡を中心に』
（共著・編集、はる書房、1999年）
『世界のボランティア活動 ── 各国の歴史と実例』
（監訳、アルク、2002年）
『日本型「企業の社会貢献」── 商人道の心を見つめる』
（東峰書房、2004年）
「第１章　日本社会の構造変化と市民社会の胎動」
（『市民社会創造の10年 ── 支援組織の視点から』日本NPOセンター編、ぎょうせい、2007年）
『シネマが呼んでいる１　シェーン　白馬の騎士伝説とアメリカニズム』
（東京図書出版、2013年）
『シネマが呼んでいる２　真昼の決闘　大統領が愛した西部劇』
（東京図書出版、2014年）

論文（JIVRIホームページに掲載）
「中国のボランティア活動と文化」(2006年)、「韓国とボランティア活動」(2008年)
JIVRI ── ボランティア活動国際研究会のホームページ
http://www.jivri.org

ブログ映画評論
「青木利元のブログ」http://ftaoki,exblog.jp/

シネマが呼んでいる 3

荒野の決闘
My Darling Clementine
郷愁の諸相

2016年 1 月21日　初版発行

著　者　青 木 利 元
発行者　中 田 典 昭
発行所　東京図書出版
発売元　株式会社 リフレ出版
〒113-0021　東京都文京区本駒込 3-10-4
電話 (03)3823-9171　FAX 0120-41-8080
印　刷　株式会社 ブレイン

© Toshiyuki Aoki
ISBN978-4-86223-910-5 C0074
Printed in Japan 2016
落丁・乱丁はお取替えいたします。

ご意見、ご感想をお寄せ下さい。

[宛先] 〒113-0021　東京都文京区本駒込 3-10-4
東京図書出版